北京市考古研究院田野考古报告第44号

何家坟墓地考古报告

北京市考古研究院

（北京市文化遗产研究院）编著

科学出版社

北 京

内 容 简 介

　　本书为石景山区何家坟墓地考古发掘报告。该墓地于2013和2016两个年度进行了考古发掘，发掘面积共计2060平方米。出土汉代、西晋、辽代、明代、清代等不同时期墓葬80座，出土陶器、铜器、玉器、铁器、瓷器等遗物198件。考古遗存数量丰富，时代特征鲜明，区域特点突出，是一部浓缩的石景山区物质文化史，在一定程度上也丰富了北京地区考古学内容。

　　本书可供从事考古学、历史学、文物学、北京地方史等研究方向的学者及高校相关专业的师生阅读、参考。

图书在版编目（CIP）数据

何家坟墓地考古报告 / 北京市考古研究院（北京市文化遗产研究院）编著.—北京：科学出版社，2023.7

（北京市考古研究院田野考古报告；第44号）

ISBN 978-7-03-075762-3

Ⅰ.①何…　Ⅱ.①北…　Ⅲ.①墓葬（考古）–发掘报告–石景山区　Ⅳ.①K878.85

中国版本图书馆CIP数据核字（2023）第103603号

责任编辑：李　茜 / 责任校对：张亚丹
责任印制：肖　兴 / 封面设计：美光设计制版有限公司

科学出版社 出版
北京东黄城根北街 16 号
邮政编码：100717
http://www.sciencep.com

北京汇瑞嘉合文化发展有限公司 印刷
科学出版社发行　各地新华书店经销
*
2023年7月第　一　版　　开本：787×1092　1/16
2023年7月第一次印刷　　印张：13 1/2　插页：43
字数：600 000
定价：**298.00元**
（如有印装质量问题，我社负责调换）

目　　录

第一章　绪论 ··（1）

第一节　自然地理状况 ··（1）

第二节　石景山区历史概况 ··（2）

第三节　遗址概况及发掘工作过程 ··································（2）

第四节　资料整理与报告编排 ··（6）

第二章　北区墓葬 ··（7）

第一节　汉代墓葬 ···（7）

第二节　明代墓葬 ···（20）

一、竖穴土圹单棺墓 ··（20）

二、竖穴土圹双棺（人）墓 ······································（41）

三、石室墓 ··（51）

四、搬迁墓 ··（58）

第三节　清代墓葬 ···（61）

第三章　南区墓葬 ··（74）

第一节　汉代墓葬 ···（74）

第二节　西晋墓葬 ···（90）

第三节　辽代墓葬 ···（97）

第四节　明代墓葬 ··（111）

一、竖穴土圹墓 ··（111）

二、砖石混构墓或石室墓 ··（147）

第五节　清代墓葬 ··（157）

一、单棺葬 ··（157）

二、双棺葬 ··（163）

第四章　结语 ………………………………………………………（173）

第一节　北区汉墓的年代 …………………………………………（173）

第二节　南区汉墓的年代 …………………………………………（174）

第三节　南区西晋墓的两个问题 …………………………………（174）

一、形制 …………………………………………………………（175）

二、墓主 …………………………………………………………（176）

第四节　南区辽墓的性质 …………………………………………（176）

第五节　明代墓葬的性质 …………………………………………（177）

附录一　何家坟墓地明代墓葬人骨遗骸性别和年龄鉴定 ………（179）

附录二　墓葬情况一览表 …………………………………………（181）

附录三　铜钱统计表 ………………………………………………（193）

后记 ……………………………………………………………………（197）

插 图 目 录

图一　发掘地理位置示意图 ···（1）

图二　墓葬发掘总平面图 ···（插页）

图三　发掘区北区墓葬发掘平面图 ···（4）

图四　发掘区南区墓葬发掘平面图 ···（5）

图五　北区汉代墓葬示意图 ···（7）

图六　BM2平、剖面图 ···（8）

图七　BM2出土器物 ···（9）

图八　BM2出土器物 ···（9）

图九　BM20平、剖面图 ···（10）

图一〇　BM20出土彩绘带盖陶壶（BM20：1） ·································（11）

图一一　BM20出土彩绘带盖陶壶（BM20：2） ·································（12）

图一二　BM20出土陶彩绘带盖套盒 ···（13）

图一三　BM21平、剖面图 ···（14）

图一四　BM21出土器物 ···（14）

图一五　BM21出土彩绘陶鼎 ···（15）

图一六　BM21出土器物 ···（16）

图一七　BM24平、剖面图 ···（17）

图一八　BM24出土器物 ···（18）

图一九　BM28平、剖面图 ···（19）

图二〇　BM28出土器物 ···（20）

图二一　北区明代单棺墓葬示意图 ···（21）

图二二　BM3平、剖面图 ···（21）

图二三　BM3出土瓷罐（BM3：1） ···（22）

图二四　BM4平、剖面图 ···（22）

图二五　BM4出土铜钱 ···（23）

图二六　BM5平、剖面图 ···（24）

图二七　BM5出土铜钱 ···（24）

图二八　BM6平、剖面图 ·· （25）

图二九　BM6出土器物 ··· （25）

图三〇　BM7平、剖面图 ·· （26）

图三一　BM7出土铜钱 ··· （27）

图三二　BM8平、剖面图 ·· （28）

图三三　BM8出土釉陶罐（BM8：1） ··································· （28）

图三四　BM8出土铜钱 ··· （29）

图三五　BM9平、剖面图 ·· （29）

图三六　BM9出土铜钱 ··· （30）

图三七　BM12平、剖面图 ··· （31）

图三八　BM12出土器物 ·· （32）

图三九　BM12出土玉带（BM12：2） ··································· （32）

图四〇　BM12出土墓志（BM12：6） ··································· （33）

图四一　BM16平、剖面图 ··· （35）

图四二　BM16出土器物 ·· （38）

图四三　BM16出土玉带（BM16：2） ··································· （38）

图四四　BM16出土墓志（BM16：9） ··································· （39）

图四五　BM16出土铜钱 ·· （40）

图四六　BM25平、剖面图 ··· （40）

图四七　BM25出土骨管状器（BM25：1） ······························ （41）

图四八　北区明代双棺墓葬示意图 ·· （41）

图四九　BM1平、剖面图 ·· （42）

图五〇　BM1出土半釉陶罐 ·· （42）

图五一　BM1出土铜钱 ··· （43）

图五二　BM14平、剖面图 ··· （44）

图五三　BM14出土元祐通宝（BM14：1） ······························ （44）

图五四　BM15平、剖面图 ··· （45）

图五五　BM15出土双系陶罐（BM15：1） ······························ （46）

图五六　BM22平、剖面图 ··· （47）

图五七　BM22出土器物 ·· （47）

图五八　BM22出土铜钱 ·· （48）

图五九　BM23平、剖面图 ··· （50）

图六〇　BM23出土青瓷碗（BM23：1） ································· （50）

图六一　北区明代石室墓葬示意图 ·· （51）

图六二　BM26平、剖面图 …………………………………………………………（52）

图六三　BM26出土玉带（BM26∶1）…………………………………………（53）

图六四　BM26出土铜钱 ……………………………………………………………（53）

图六五　BM27平、剖面图 …………………………………………………………（55）

图六六　BM27出土玉带（BM27∶1）…………………………………………（56）

图六七　BM27出土器物 ……………………………………………………………（57）

图六八　BM27出土铜钱 ……………………………………………………………（57）

图六九　北区明代搬迁墓葬示意图 …………………………………………………（58）

图七〇　BM10平、剖面图 …………………………………………………………（59）

图七一　BM11平、剖面图 …………………………………………………………（60）

图七二　BM13平、剖面图 …………………………………………………………（60）

图七三　BM13出土双系陶罐（BM13∶1）……………………………………（61）

图七四　北区清代墓葬示意图 ………………………………………………………（61）

图七五　BM17平、剖面图 …………………………………………………………（62）

图七六　BM17出土器物 ……………………………………………………………（63）

图七七　BM17出土鼻烟壶 …………………………………………………………（63）

图七八　BM17出土器物 ……………………………………………………………（64）

图七九　BM17出土器物 ……………………………………………………………（65）

图八〇　BM17出土印章（1—4）（BM17∶12）……………………………（66）

图八一　BM17出土印章（5—7）（BM17∶12）……………………………（67）

图八二　BM17出土器物 ……………………………………………………………（69）

图八三　BM17出土镂空铜盒（BM17∶16）…………………………………（70）

图八四　BM18平、剖面图 …………………………………………………………（71）

图八五　BM18出土青花瓷盆（BM18∶1）……………………………………（71）

图八六　BM18出土器物 ……………………………………………………………（72）

图八七　BM12出土乾隆通宝（BM12∶4）……………………………………（72）

图八八　BM19平、剖面图 …………………………………………………………（73）

图八九　BM19出土乾隆通宝 ………………………………………………………（73）

图九〇　南区汉代、西晋墓葬示意图 ………………………………………………（74）

图九一　NM10平、剖面图 …………………………………………………………（75）

图九二　NM10采集墓砖 ……………………………………………………………（75）

图九三　NM12平、剖面图 …………………………………………………………（77）

图九四　NM12出土铜钱 ……………………………………………………………（78）

图九五　NM12出土墓砖（NM12∶3）…………………………………………（78）

图九六　　NM14平、剖面图 ……………………………………………………（79）

图九七　　NM14出土器物 ………………………………………………………（80）

图九八　　NM14出土五铢 ………………………………………………………（80）

图九九　　NM15平、剖面图 ……………………………………………………（81）

图一〇〇　NM16平、剖面图 ……………………………………………………（82）

图一〇一　NM16采集墓砖 ………………………………………………………（83）

图一〇二　NM16出土五铢（NM16：1）…………………………………………（83）

图一〇三　NM17平、剖面图 ……………………………………………………（84）

图一〇四　NM17采集墓砖 ………………………………………………………（85）

图一〇五　NM17出土陶壶（NM17：1）…………………………………………（85）

图一〇六　NM17出土五铢（NM17：2）…………………………………………（85）

图一〇七　NM18平、剖面图 ……………………………………………………（87）

图一〇八　NM18采集墓砖 ………………………………………………………（88）

图一〇九　NM19平、剖面图 ……………………………………………………（88）

图一一〇　NM26平、剖面图 ……………………………………………………（89）

图一一一　NM26出土器物 ………………………………………………………（90）

图一一二　NM46平、剖面图 ……………………………………………………（92）

图一一三　NM46出土器物 ………………………………………………………（93）

图一一四　NM46采集墓砖、铭文砖及出土铜钱 ………………………………（94）

图一一五　NM47平、剖面图 ……………………………………………………（95）

图一一六　NM47采集墓砖 ………………………………………………………（96）

图一一七　NM47出土半两 ………………………………………………………（96）

图一一八　南区辽代墓葬示意图 …………………………………………………（97）

图一一九　NM9平、剖面图 ……………………………………………………（98）

图一二〇　NM9采集墓砖 ………………………………………………………（98）

图一二一　NM9出土器物 ………………………………………………………（99）

图一二二　NM9出土器物 ………………………………………………………（100）

图一二三　NM9出土铜钱 ………………………………………………………（101）

图一二四　NM9出土墓志（NM9：15）…………………………………………（103）

图一二五　NM11平、剖面图 …………………………………………………（104）

图一二六　NM11出土白釉小碗（NM11：1）…………………………………（105）

图一二七　NM13平、剖面图 …………………………………………………（106）

图一二八　NM13采集墓砖 ……………………………………………………（107）

图一二九　NM13出土器物 ……………………………………………………（107）

图一三〇　　NM13出土墓志（NM13∶4）…………………………………………（109）

图一三一　　NM20平、剖面图 ………………………………………………………（110）

图一三二　　NM20出土铜钱 …………………………………………………………（110）

图一三三　　南区明代墓葬示意图 ……………………………………………………（111）

图一三四　　NM21平、剖面图 ………………………………………………………（112）

图一三五　　NM21出土器物 …………………………………………………………（113）

图一三六　　NM24平、剖面图 ………………………………………………………（113）

图一三七　　NM24出土陶罐（NM24∶1）…………………………………………（114）

图一三八　　NM24出土铜钱 …………………………………………………………（114）

图一三九　　NM25平、剖面图 ………………………………………………………（115）

图一四〇　　NM25出土铜钱 …………………………………………………………（116）

图一四一　　NM28平、剖面图 ………………………………………………………（117）

图一四二　　NM28出土釉陶罐（NM28∶1）………………………………………（117）

图一四三　　NM28出土铜钱 …………………………………………………………（118）

图一四四　　NM29平、剖面图 ………………………………………………………（119）

图一四五　　NM30平、剖面图 ………………………………………………………（119）

图一四六　　NM31平、剖面图 ………………………………………………………（120）

图一四七　　NM31出土器物 …………………………………………………………（121）

图一四八　　NM31出土铜钱 …………………………………………………………（121）

图一四九　　NM32平、剖面图 ………………………………………………………（122）

图一五〇　　NM32出土器物 …………………………………………………………（122）

图一五一　　NM32出土木腰带（NM32∶3）………………………………………（123）

图一五二　　NM32出土万历通宝 ……………………………………………………（123）

图一五三　　NM33平、剖面图 ………………………………………………………（124）

图一五四　　NM33出土器物 …………………………………………………………（125）

图一五五　　NM35平、剖面图 ………………………………………………………（125）

图一五六　　NM35出土器物 …………………………………………………………（126）

图一五七　　NM35出土万历通宝 ……………………………………………………（126）

图一五八　　NM36平、剖面图 ………………………………………………………（127）

图一五九　　NM36出土釉陶罐（NM36∶1）………………………………………（128）

图一六〇　　NM37平、剖面图 ………………………………………………………（129）

图一六一　　NM37出土器物 …………………………………………………………（129）

图一六二　　NM37出土铜钱 …………………………………………………………（130）

图一六三　　NM38平、剖面图 ………………………………………………………（130）

图一六四　NM38出土万历通宝 ···（131）

图一六五　NM39平、剖面图 ··（132）

图一六六　NM40平、剖面图 ··（133）

图一六七　NM40出土器物 ··（133）

图一六八　NM40出土铜钱 ··（134）

图一六九　NM41平、剖面图 ··（135）

图一七〇　NM41出土器物 ··（135）

图一七一　NM41出土万历通宝 ···（136）

图一七二　NM42平、剖面图 ··（137）

图一七三　NM42出土釉陶罐（NM42：1） ··（137）

图一七四　NM42出土铜钱 ··（138）

图一七五　NM43平、剖面图 ··（138）

图一七六　NM43出土铜钱 ··（139）

图一七七　NM44平、剖面图 ··（140）

图一七八　NM44出土器物 ··（140）

图一七九　NM44出土铜钱 ··（141）

图一八〇　NM45平、剖面图 ··（142）

图一八一　NM45出土陶罐（NM45：1） ··（142）

图一八二　NM45出土铜钱 ··（143）

图一八三　NM49平、剖面图 ··（144）

图一八四　NM49出土器物 ··（144）

图一八五　NM49出土天启通宝（NM49：6） ··（145）

图一八六　NM50平、剖面图 ··（145）

图一八七　NM51平、剖面图 ··（146）

图一八八　NM51出土器物 ··（147）

图一八九　NM51出土铜钱 ··（147）

图一九〇　砖石混构墓或石室墓示意图 ···（148）

图一九一　NM22平、剖面图 ··（149）

图一九二　NM23平、剖面图 ··（150）

图一九三　NM23出土铜钱 ··（151）

图一九四　NM27平、剖面图 ··（153）

图一九五　NM27出土玉带（NM27：1） ··（154）

图一九六　NM34平、剖面图 ··（155）

图一九七　NM52平、剖面图 ··（156）

图一九八　　NM52出土器物 ……………………………………（156）

图一九九　　NM52出土万历通宝 …………………………………（157）

图二〇〇　　南区清代墓葬示意图…………………………………（157）

图二〇一　　NM4平、剖面图 ………………………………………（158）

图二〇二　　NM4出土釉陶罐（NM4：1）………………………（158）

图二〇三　　NM5平、剖面图 ………………………………………（159）

图二〇四　　NM5出土器物 …………………………………………（160）

图二〇五　　NM7平、剖面图 ………………………………………（161）

图二〇六　　NM7出土釉陶罐（NM7：1）………………………（161）

图二〇七　　NM8平、剖面图 ………………………………………（162）

图二〇八　　NM1平、剖面图 ………………………………………（163）

图二〇九　　NM1出土器物 …………………………………………（164）

图二一〇　　NM2平、剖面图 ………………………………………（165）

图二一一　　NM2出土器物 …………………………………………（165）

图二一二　　NM2出土乾隆通宝（NM2：3-1）…………………（166）

图二一三　　NM3平、剖面图 ………………………………………（167）

图二一四　　NM3出土器物 …………………………………………（168）

图二一五　　NM3出土康熙通宝 ……………………………………（168）

图二一六　　NM6平、剖面图 ………………………………………（169）

图二一七　　NM6出土器物 …………………………………………（170）

图二一八　　NM6出土铜钱 …………………………………………（170）

图二一九　　NM48平、剖面图 ……………………………………（171）

图二二〇　　NM48出土器物 ………………………………………（172）

彩版目录

彩版一　2013完工全景、BM2

彩版二　BM20、BM21

彩版三　BM24、BM28

彩版四　BM3、BM4

彩版五　BM5、BM6

彩版六　BM7、BM8

彩版七　BM9、BM12

彩版八　BM16、BM25

彩版九　BM1、BM14

彩版一〇　BM15、BM22

彩版一一　BM23、BM26

彩版一二　BM26、BM27

彩版一三　BM27、BM10

彩版一四　BM11、BM13

彩版一五　BM17、BM18、BM19

彩版一六　NM10、NM12、NM14、NM15

彩版一七　NM16、NM17、NM18

彩版一八　NM19、NM26、NM46

彩版一九　NM47

彩版二〇　NM9、NM11、NM13、NM20

彩版二一　NM21、NM24、NM25、NM28

彩版二二　NM29、NM30、NM31、NM32

彩版二三　NM33、NM35、NM36、NM37

彩版二四　NM38、NM39、NM40、NM41

彩版二五　NM42、NM43、NM44、NM45

彩版二六　NM49、NM50、NM51、NM22

彩版二七　NM22、NM23、NM27

彩版二八　NM27、NM34、NM52

彩版二九　　NM52、NM4、NM5、NM7

彩版三○　　NM8、NM1、NM2

彩版三一　　NM3、NM6、NM48

彩版三二　　BM2出土器物

彩版三三　　BM2出土器物

彩版三四　　BM2、BM20出土器物

彩版三五　　BM20、BM21出土器物

彩版三六　　BM21出土器物

彩版三七　　BM21出土器物

彩版三八　　BM21、BM24出土器物

彩版三九　　BM6、BM24、BM28出土器物

彩版四○　　BM28出土器物

彩版四一　　BM3、BM6、BM8、BM12、BM28出土器物

彩版四二　　BM12出土器物

彩版四三　　BM12、BM16出土器物

彩版四四　　BM16出土器物

彩版四五　　BM16出土器物

彩版四六　　BM1、BM15、BM22、BM25出土器物

彩版四七　　BM22、BM23、BM26出土器物

彩版四八　　BM27出土器物

彩版四九　　BM27出土器物

彩版五○　　BM27出土器物

彩版五一　　BM13、BM17、BM27出土器物

彩版五二　　BM17出土器物

彩版五三　　BM17出土器物

彩版五四　　BM17出土器物

彩版五五　　BM17出土器物

彩版五六　　BM17出土印章（BM17：12）拓片

彩版五七　　BM17出土器物

彩版五八　　BM17出土器物

彩版五九　　BM17出土器物

彩版六○　　BM18出土器物

彩版六一　　BM18出土器物

彩版六二　　BM18、NM14、NM26出土器物

彩版六三　　NM14、NM17、NM26出土器物

彩版六四　NM9、NM46出土器物

彩版六五　NM19出土器物

彩版六六　NM19出土器物

彩版六七　NM9、NM11、NM13出土器物

彩版六八　NM13出土器物

彩版六九　NM13、NM21、NM24、NM28出土器物

彩版七○　NM31、NM32出土器物

彩版七一　NM33、NM35、NM36出土器物

彩版七二　NM37、NM40、NM41出土器物

彩版七三　NM41、NM42、NM44出土器物

彩版七四　NM44、NM45、NM49出土器物

彩版七五　NM49、NM51出土器物

彩版七六　NM27、NM51、NM52出土器物

彩版七七　NM52出土器物

彩版七八　NM4、NM5出土器物

彩版七九　NM5出土器物

彩版八○　NM1、NM2、NM7出土器物

彩版八一　NM2出土器物

彩版八二　NM3出土器物

彩版八三　NM3、NM48出土器物

彩版八四　NM6、NM8出土器物

第一章 绪 论

第一节 自然地理状况

石景山区位于北京市西部。因境内有石景山而得名。地理坐标为北纬39°53′—39°59′，东经116°04′—116°14′，东西宽约12.25千米，南北长约13千米，总面积85.74平方千米。东至玉泉路与海淀区毗连，南抵张仪村与丰台区接壤，北倚克勤峪与海淀区为邻，西与门头沟区相邻（图一）。

石景山区地势西北高东南低，北部山区是北京小西山的一部分，属太行山北端余脉向平原的延伸部分。有克勤峪、天泰山、翠微山、青龙山等40余座山峰，其中，克勤峪海拔797.6米，为石景山区最高峰。石景山区的中部和南部为永定河冲积形成的北京平原顶部，其间存留有金顶山、石景山、老山、八宝山等残丘。永定河为流经区域内的唯一天然河流，区内河段长11.6千米，河宽100—1500米。

石景山区地处北温带，属暖温带半温润半干旱性季风气候，四季变化十分明显：春季干旱多风，夏季炎热多雨，秋季凉爽宜人，冬季寒冷干燥。春、秋季节短，夏、

图一　发掘地理位置示意图

冬季节长。春、秋、冬三季多为西北风，夏季多吹东南风，每年3—5月，大风较为集中。石景山区年平均气温为12.21℃。7月份最热，月平均气温25.97℃。1月份最冷，月平均气温为-3.55℃[①]。

第二节　石景山区历史概况

石景山区历史上无独立建置，自西周以降分别属蓟国、燕国、广平县、幽都县、宛平县。契丹天显十一年（936年）末，契丹进占幽云十六州。辽会同元年（938年）十一月，升幽州为南京；设南京道，同时改国号为辽。南京道下辖幽都府，石景山地区属南京道幽都府幽都县、玉河县地。开泰元年（1012年），幽都府改称析津府，幽都县改称宛平县。地属南京道析津府宛平县、玉河县地。金天辅六年（1122年），金国夺占宋燕山府，恢复燕京和析津府，并置燕京路。天眷元年（1138年），废玉河县，辖地并入宛平县。石景山地区属燕京路析津府宛平县地。天德三年（1151年）四月，海陵王下诏迁都燕京。贞元元年（1153年）三月，改燕京为中都，析津府改为永安府，燕京路改为中都路。石景山地区属中都路大兴府宛平县地。

成吉思汗十年（1215年），蒙古军攻占金中都，将中都改称为燕京，中都路改称为燕京路。石景山地区属燕京路大兴府宛平县地。至元八年（1271年）八月，大元建国，翌年二月，改中都为大都，石景山地区属大都路大兴府宛平县地。

明洪武元年（1368年）八月，明军攻占大都城，将大都路改为北平府，十月，北平府隶山东行省。翌年三月，设北平行省。石景山地区属北平行省北平府宛平县地。永乐元年（1403年）二月，改北平府为顺天府，地属顺天府宛平县地。

清顺治元年（1644年）五月，清军攻占北京，康熙二十六年（1687年），在顺天府辖城内设东、南、西、北四路厅。石景山地区属西路厅宛平县地[②]。

第三节　遗址概况及发掘工作过程

何家坟墓地位于石景山区东南部的八宝山街道，处于浅山向平原的过渡地带，在老山以东约1千米。墓地东邻玉泉西路，南邻园林小区，北邻石景山区交警支队北辛安大队，墓地西南200米外，即八宝山殡仪馆东礼堂的围墙。墓地大体呈长方形，

① 北京市石景山区地方志编纂委员会：《北京市石景山区志》，北京出版社，2005年，第1—94页。

② 北京市石景山区地方志编纂委员会：《北京市石景山区志》，北京出版社，2005年，第58—60页。

南北长274—360米，东西宽90—160米。总面积5万余平方米。墓地中心坐标：北纬39°90′907″，东经116°23′84″，墓地地势西北高东南低。墓地大部被辟为稀疏林地，有个别临时建筑（图二）。

何家坟村据传是清代权臣和珅后裔的坟地，后来由看坟户形成村落。自20世纪60年代以来，在何家坟村附近的八宝山革命公墓东侧陆续发现辽代韩资道墓志[①]、韩明道墓志[②]、韩佚墓[③]。《辽史》记载，韩延徽死后葬于"鲁郭"，韩资道、韩明道墓志和韩佚夫妇合葬墓均发现于八宝山革命公墓左近，可以判定何家坟村西南与八宝山革命公墓接壤处为辽代韩延徽一系韩氏家族茔域[④]。另，1965年7月在八宝山革命公墓西侧约500米处发现西晋华芳墓[⑤]，1983年12月，在老山西侧南坡发现一座西晋砖室墓[⑥]。

为配合石景山区土地一级开发项目的建设，北京市文物研究所（今北京市考古研究院）分别于2013年和2016年两个年度，对何家坟墓地进行了考古勘探和发掘。2013年8月9日—10月30日，完成了北区勘探。随即由郭京宁主持进行发掘，自2013年9月21日开始，于2013年12月15日结束。发掘墓葬28座，实际发掘面积660平方米（图三；彩版一，1）。2016年夏，对南区进行了考古勘探，在考古勘探的基础上，对南区发现的墓葬进行了考古发掘。2016年度发掘工作由李永强负责，时间从2016年9月10日至2016年11月8日。发掘墓葬52座，实际发掘面积为1400平方米（图四）。前后两次发掘，考虑到工程建设的工期，没有采用探方发掘的方式，而是采用根据勘探所知单个墓葬的平面形状适当外扩布方下挖的工作方法。为便于叙述，本书将2013年度的发掘区划分为北区、2016年度的发掘区划分为南区。前后两次共发掘墓葬80座，包括汉代墓葬14座、西晋墓葬2座、辽代墓葬4座、明代墓葬48座、清代墓葬12座，出土金、银、铜、铁、玉石、陶（釉陶）、紫砂、瓷、骨料器等若干件，合计出土各类文物198件（套）。

墓地因处于浅山向平原的过渡带，除农业劳动外少有人类活动，地层以自然堆积为主，未发现明显的文化层堆积，仅在地表可见零星破碎瓷片。考古勘探结果表明，何家坟墓地范围的地层堆积自上而下可分为三层：

第1层：0—0.4米，表土层，土质疏松，可见玻璃等现代遗物。

第2层：0.4—1.2米，灰褐色土层，土质较硬，纯净。

第3层：1.2—2.6米，深褐色土层，土质纯净坚硬。

---

① 鲁琪：《北京出土辽韩资道墓志》，《文物资料丛刊》（2），文物编辑委员会，1978年。

② 齐心：《金代韩诩墓志考》，《考古》1984年8期。

③ 北京市文物工作队：《辽韩佚墓发掘简报》，《考古学报》1984年第8期。

④ 孙劢：《墓志中所记北京地区辽代韩氏家族考略》，《北京学研究文集2007》，北京日报报业集团、同心出版社，2009年，第329—341页。

⑤ 鲁琪：《北京西郊西晋王浚妻华芳墓清理简报》，《文物》1965年第12期。

⑥ 王武钰：《石景山老山西晋墓》，《中国考古学年鉴（1984）》，文物出版社，1984年。

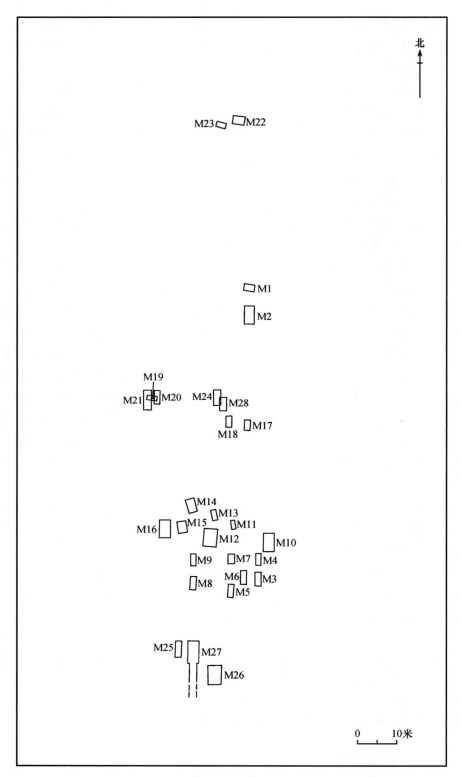

图三　发掘区北区墓葬发掘平面图

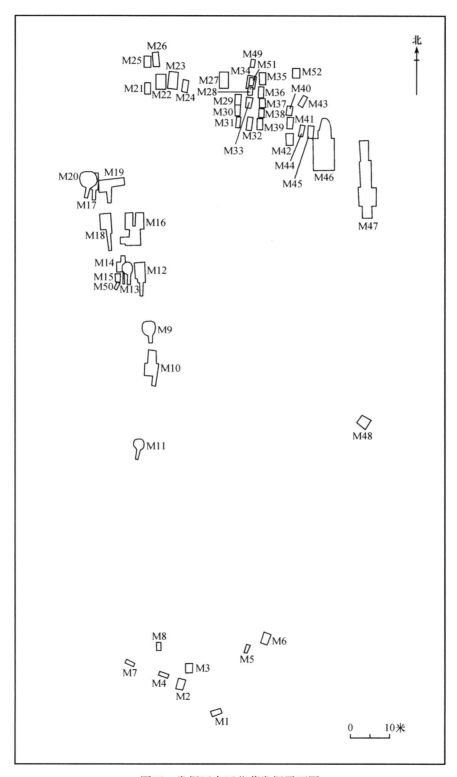

图四　发掘区南区墓葬发掘平面图

第四节　资料整理与报告编排

　　田野考古发掘结束后，所有出土器物均存放在北京市考古研究院通州临时工作站。因为配合基本建设的考古工作比较繁忙，参与何家坟墓地考古发掘的工作人员无法抽身进行室内资料整理和报告编写。直到2020年秋，何家坟墓地资料整理开始启动。郭京宁先生因为工作调动，更出于成人之美的善意，将北区28座墓葬发掘资料移交给南区考古领队。这样，何家坟墓地发掘资料得以汇总起来，由李永强统一整理、编写考古报告。

　　发掘和整理工作得到北京市考古研究院领导、第三考古研究室、基建考古室、考古管理办公室等科室同事的关心、帮助。从勘探到发掘进场，基建考古室韩鸿业、冯双元两位老师与工程建设方做了大量沟通协调工作。室内整理自始至终都是在北京市考古研究院通州工作站进行的，工作站提供了舒适的工作环境和必要且充分的后勤保障。何家坟墓地的考古发掘工作以及报告的编写出版，是北京市考古研究院众多同志辛勤劳动的结晶。

　　本书的内容包括了前后两次发掘的全部80座墓葬考古资料，本书的编排，分为北区、南区两个发掘区，每个发掘区按墓葬时代进行划分，属同一时代的墓葬按序逐次叙述介绍。北区墓葬在原编号前加"B"，南区墓葬在原编号前加"N"以示区别。最后，在本书的结语部分，对墓葬的年代做了初步判定，对5座汉墓、2座西晋墓、4座辽代墓葬和48座明代墓葬所涉及的问题进行了简单讨论。

第二章 北区墓葬

第一节 汉代墓葬

北区范围内共发现5座汉代墓葬，除BM2位于北部外，其余BM20、BM21、BM24、BM28位于中部，集中分布在一个东西宽41米，南北长47米的一个长方形区域内（图五）。

5座汉墓均开口于第3层下，墓葬形制皆为竖穴土坑墓，墓坑平面形状为长方形。墓口距地表较浅，距地表深1.36—2.42米。墓底距地表较深，深2.8—5.72米。墓坑口大底小，墓壁斜直向下渐收。墓口长3.6—4.2、墓口宽1.2—2米，墓底长3.5—4.48、墓底宽1.14—2.18米。墓内往往置有木质葬具，均葬单棺。BM24和BM20、BM21带有头厢。因墓室上部遭受不同程度破坏，各墓残存深度不一，残存0.32—0.42米。

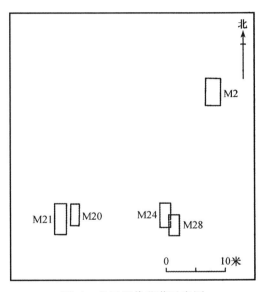

图五　北区汉代墓葬示意图

1. BM2

BM2位于北区东北部，墓向5°。墓口距地表深1.42米，墓底距地表深5.72米，墓口南北长4.2米，东西宽1.88—2米。斜直壁，内填花土，土质松软，墓底置木棺，已朽。棺长3.7米，宽1.26—1.39米，残高0.42米。骨架保存较差，头向北，面向东，俯身直肢，性别不详（图六；彩版一，2）。

铜带钩　1件。BM2：1，作微曲的琵琶形，曲首，钩身背面有圆纽。长5厘米（图七，4；彩版三二，1）。

铁锸口　3件。均出土于墓室填土中，一字形。BM2：2，上宽下尖，中空以纳柄，锈蚀严重，刃部略残。BM2：2-1，长13.5、宽5.6、厚0.4厘米（图七，1；彩版三二，3）。BM2：2-2，长14.8、宽5.9、厚0.7厘米（图七，2；彩版三三，1、2）。

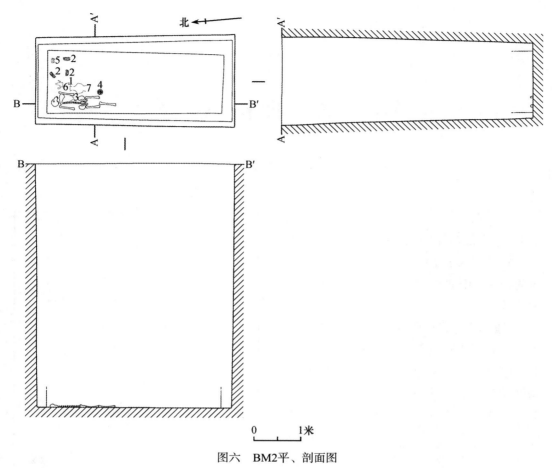

图六　BM2平、剖面图
1.铜带钩　2.铁锸口　3.铁铃形器　4.铜镜　5.铁鼎　6.陶壶底　7.陶壶

BM2：2-3，长14、宽6.9、厚0.4厘米（图七，3；彩版三三，3、4）。

　　铁铃形器　1件。BM2：3，出土于棺内中部，结锈厚重致变形，器形似倒置的喇叭，顶部似有纽，口部残。口径11.7、高8.5、厚1.5厘米（图七，6；彩版三二，4）。

　　铜镜　1件。BM2：4，残。出土于头厢北部。能辨认出半球形纽、乳钉、麦穗状草叶纹及近缘处的连弧纹。纹饰与BM21所出铜镜雷同。直径11.8厘米（图七，7；彩版三二，2）。

　　铁鼎　1件。出土于头厢西北部。BM2：5。锈蚀严重，已残损，口沿微敛，子母口，圆腹，下接三兽蹄足。口径9.3、高7.5厘米（图七，5；彩版三三，5）。

　　陶壶底　BM2：6，位于头厢北部。泥质灰陶，轮制，火候高。残留底足。素面。底径10.3、残高14厘米（图八，2；彩版三三，6）。

　　陶壶　BM2：7，位于头厢北部。泥质灰陶，轮制，火候高。侈口，沿面宽平，束颈渐粗，腹部圆鼓，最大腹径居中，圜底，圈足外撇。壶身轮制痕迹似弦纹。素面。口径12.4、最大腹径22.1、底径11.8、高32.9厘米（图八，1；彩版三四，1）。

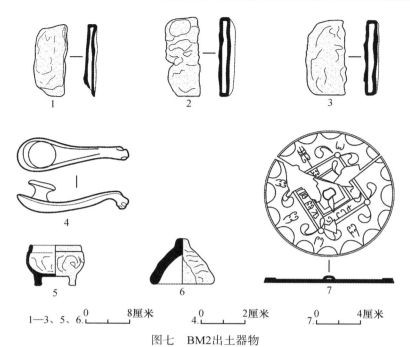

1—3、5、6.　0 _____ 8厘米　　　4.　0 ____ 2厘米　　　7.　0 ____ 4厘米

图七　BM2出土器物

1—3.铁锸口（BM2：2-1、BM2：2-2、BM2：2-3）　4.铜带钩（BM2：1）　5.铁鼎（BM2：5）

6.铁铃形器（BM2：3）　7.铜镜（BM2：4）

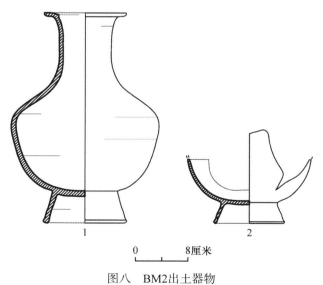

0 _____ 8厘米

图八　BM2出土器物

1.陶壶（BM2：7）　2.陶壶底（BM2：6）

2. BM20

BM20位于北区中部，墓向5°。墓口距地表深1.86米，墓底距地表深3.86米，墓圹南北长3.6米，东西宽1.2—1.26米，墓底南北长3.4米，东西宽1.07米。内填花土，土质松软，墓底内置单棺，棺木已朽。棺长1.86米，宽0.6米，残高0.32米，棺内骨架已成粉末状，头向、面向、葬式、性别均不详。头厢在北端，已朽。南北长1.2米，东西宽1.1米（图九；彩版二，1）。出土彩绘带盖陶壶一对，彩绘带盖套盒2件。

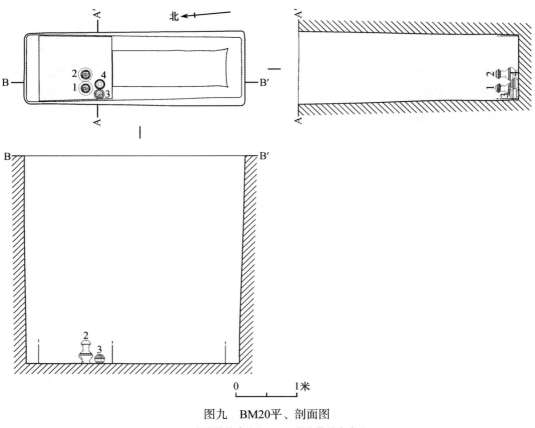

图九　BM20平、剖面图
1、2. 彩绘带盖陶壶　3、4. 彩绘带盖陶套盒

彩绘带盖陶壶　2件。BM20：1，位于头厢中部。壶身，泥质灰陶，轮制，火候高。侈口，沿面宽平，束颈渐粗，腹部圆鼓，最大腹径居中，圜底，圈足外撇。壶身轮制痕迹似弦纹，下腹部有间断篮纹。腹壁和颈部施彩绘，颜料剥落严重，纹饰图案较为模糊。纹饰可分为颈部、肩部、腹部三个纹饰带。颈部施一周俯、仰相间的连续三角界格，俯三角内以红彩作底填绘圆圈、变形椭圆类几何纹。仰三角内填绘云气纹。皆以白彩勾勒轮廓，线内以红彩填涂晕染。肩部用上下两组弦纹勾出界格，弦纹以白彩勾边、内填红彩，界格内以红彩绘一周连续形似夔龙的几何纹；腹部绘一周横

向折线云气纹。口径13.6、最大腹径32.2、底径14.7、高31.7厘米（彩版三四，3）。壶盖，泥质灰陶。敛口，斜腹缓收，小平底微内凹。外壁满饰红、白彩绘。口沿下及腰部以白彩勾出两组弦纹，在弦纹内满涂红彩，弦纹间用红彩绘折线云气纹，下腹部及底用红、白彩绘4组相连的云气纹。口径15.7、底径6.3、高6厘米（图一〇；彩版三四，2）。BM20：2，位于头厢中部偏西，与BM20：1是一对。壶身，泥质灰陶，轮制，火候高。侈口，沿面宽平，束颈渐粗，腹部圆鼓，最大腹径居中，圜底，圈足外撇。下腹部有间断篮纹，壶身轮制痕迹似弦纹。腹壁和颈部饰彩绘，颜料剥落严重，纹饰图案较为模糊。纹饰可分为颈部、肩部、腹部三个纹饰带。颈部施一周俯、仰相间的连续三角界格，俯三角内以红彩作底内填绘圆圈、变形椭圆类几何纹，仰三角内填绘云气纹。皆以白彩勾勒轮廓，线内以红彩填涂晕染。肩部用上下两组弦纹勾出界格，弦纹以白彩勾边、内填红彩，界格内以红彩绘一周连续形似夔龙的几何纹。腹部绘一周横向折线云气纹。口径13.8、最大腹径23.2、底径14.8、高31.8厘米。壶盖，泥质灰陶。敛口，斜腹缓收，小平底微内凹。外壁满饰红、白彩绘。口沿下及腰部以白彩勾出两组弦纹，在弦纹内满涂红彩，弦纹间用红彩绘折线云气纹，下腹部及底用红、白彩绘四组相连的云气纹。口径15.7、底径6.3、高6厘米（图一一；彩版三四，4、5）。

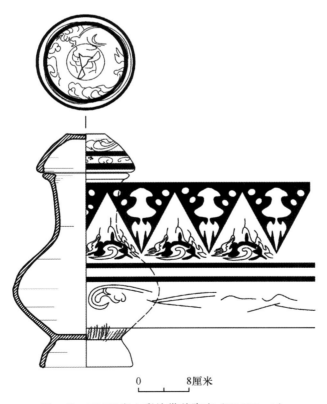

0 ⸺ 8厘米

图一〇　BM20出土彩绘带盖陶壶（BM20：1）

图一一　BM20出土彩绘带盖陶壶（BM20：2）

　　彩绘带盖陶套盒　2件。BM20：3，盒身，泥质灰陶。口沿内敛，斜腹缓收，小平底。外壁饰红、白彩绘。口沿下及腰部以白彩勾出两组弦纹，在弦纹内满涂红彩。彩绘盒盖，泥质灰陶。子母口，口沿内敛，腹部浑圆，小平底微内凹。口沿下及腰部各绘红色弦纹一道。口径16.3、底径7.3、通高15.2厘米（图一二，1；彩版三五，1、2）。BM20：4，泥质灰陶。敛口，斜腹缓收，小平底。外壁满饰红、白彩绘。口沿下及腰部以白彩勾出两组弦纹，在弦纹内满涂红彩，弦纹间用红彩绘折线云气纹。泥质灰陶，敛口，圆唇，圆弧腹，平底圈足。口沿下及腰部圈足根部各绘红色弦纹一道。口径17.6、底径9.5、通高14.5厘米。器盖，泥质灰陶，敛口，斜腹下收，小平底微内凹。外壁饰有红、白色彩绘。口沿下及腰部以白彩勾出三周弦纹，在弦纹内满涂红彩、白彩，弦纹间用白彩绘波浪纹，白彩边沿处未填满露出灰黑胎。口径16.7、底径6.1、高7.4厘米（图一二，2；彩版三五，3、4）。

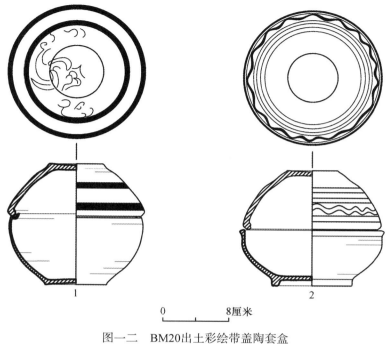

图一二　BM20出土彩绘带盖陶套盒

1. BM20：3　2. BM20：4

3. BM21

BM21位于北区中部。墓向5°。墓口距地表深1.78米，墓底距地表深3.1米，墓圹南北长4.6米，东西宽2.2—2.3米，墓底南北长4.48米，东西宽2.04—2.18米。内填花土，土质松软，墓底置单棺，棺木已朽。棺长2.14米，宽0.74—1米，残高0.22米。棺内骨架已成粉末状，头向、面向、葬式、性别均不详。头厢已朽。东西长1.28米，南北宽1.24米，残高0.22米（图一三；彩版二，2）。出土彩绘陶壶、彩绘陶鼎、铜镜、铜带钩、铜钵、陶壶、铁器等器物。

彩绘陶壶　2件。BM21：1，位于头厢东部。泥质灰陶，轮制，灰陶局部泛褐色，火候不高。侈口，沿面宽平，口沿略残，未发现盖，束颈渐粗，腹部圆鼓，最大腹径在近肩处，圜底，圈足高直。下腹部有间断斜线纹。腹壁和颈部施红色彩绘，因剥落严重，纹饰图案模糊混沌，难明究竟。口径12.1、最大腹径24.4、底径11.4、高30.8厘米（图一四，1；彩版三五，5）。BM21：2，位于头厢西部。泥质灰陶，轮制，灰陶局部泛褐色，火候不高，与BM21：1是一对。侈口，沿面宽平，未发现盖，束颈渐粗，腹部圆鼓，最大腹径在近肩处，圜底，圈足高直且已碎裂。下腹部有间断斜线纹。腹壁和颈部施红色彩绘，因剥落严重，纹饰图案模糊混沌，难明究竟。口径13.2、最大腹径22.6、底径13.5、高31.6厘米（图一六，4）。

彩绘陶鼎　2件。位于头厢东、西北隅，遭挤压破碎。BM21：3，泥质灰褐陶，火

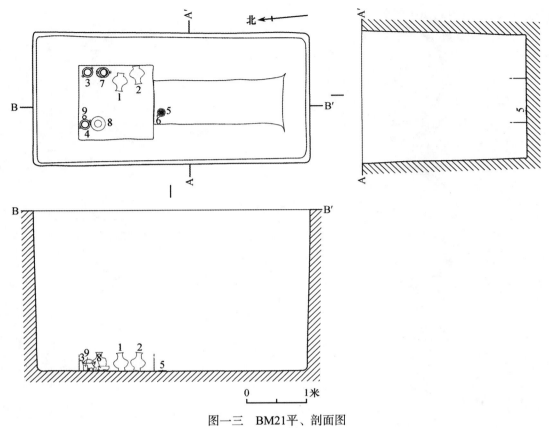

图一三　BM21平、剖面图

1、2.彩绘陶壶　3、4.彩绘陶鼎　5.铜镜　6.铜带钩　7.铜钵　8.陶壶　9.铁器

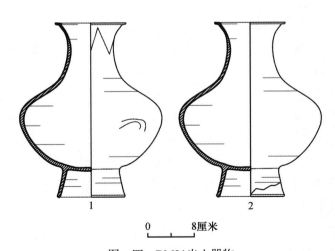

图一四　BM21出土器物

1.彩绘陶壶（BM21：1）　2.陶壶（BM21：8）

候不高。子母口，圆腹，圜底，口沿处置双立耳，腹下接三个兽蹄足。覆钵式盖，直口穹顶，立耳外沿、口沿下及蹄足上部涂红彩，盖口沿上、下各以红彩绘一道弦纹，顶面用红、白彩绘四组相连的云气纹。口径11.9、最大腹径17.1、高12.5厘米；盖径17.1、盖高6.5厘米（图一五，1；彩版三六，1、2）。BM21：4，泥质灰褐陶，火候不高。子母口，圆腹，圜底，口沿处置双立耳，腹下接三个兽蹄足。覆钵式盖，直口穹顶，立耳外沿、口沿下及蹄足上部涂红彩，盖口沿上、下各以红彩绘一道弦纹，顶面用红、白彩绘四组相连的云气纹。口径11.9、最大腹径17.2、高12.4厘米；盖径17.2、盖高6.4厘米（图一五，2；彩版三六，3、4）。

铜镜 1面。BM21：5。半球形纽，四叶纹方纽座，座外大方格，方格四角处各饰一乳钉，四乳钉间各饰两字。旋读为"长乐未央、日出大光"。自四乳钉向外呈放射形饰麦穗状草叶纹两枝，草叶纹间饰"L"形几何纹，近缘处为一周连弧纹。边厚0.5、直径14.1厘米，重250克（图一六，3；彩版三七，1、2）。

铜带钩 1件。BM21：6，作微曲的琵琶形，曲首，钩身背面有圆纽。长4.1厘米（图一六，1；彩版三七，3）。

铜钵 1件。BM21：7，出土于头厢东北，残损严重。钵，胎体薄，敛口，平折沿，圆鼓腹，圜底。口径15.8、腹径14.6、高7厘米。器托，素面。直径17.2、高1.2厘米（图一六，5；彩版三七，4、5）。

陶壶 1件。BM21：8，位于头厢西部。泥质灰陶，轮制，灰陶局部泛褐色，火候不高。侈口，沿面宽平，口沿略残，未发现盖，束颈渐粗，腹部圆鼓，最大腹径在近肩处，圜底，圈足高直。下腹部有间断斜线纹。腹壁和颈部施红色彩绘，因剥落严

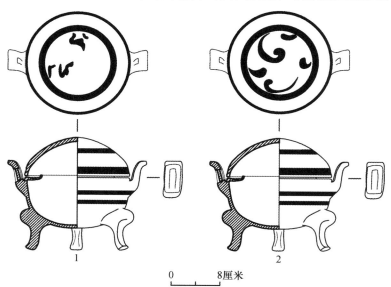

0   8厘米

图一五　BM21出土彩绘陶鼎
1. BM21：3　2. BM21：4

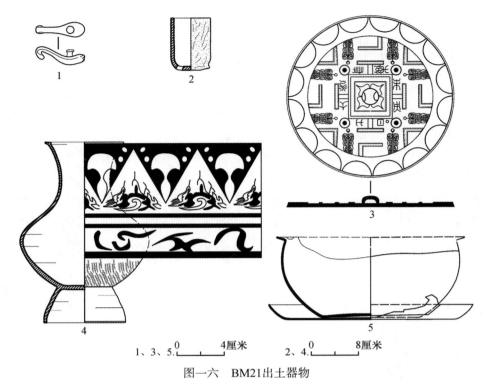

图一六　BM21出土器物

1. 铜带钩（BM21：6）　2. 铁器（BM21：9）　3. 铜镜（BM21：5）　4. 彩绘陶壶（BM21：2）

5. 铜钵（BM21：7）

重，纹饰图案模糊混沌，难明究竟。口径12.2、最大腹径24.3、底径11.3、高30.7厘米（图一四，2；彩版三八，1）。

铁器　1件。BM21：9，出土于棺内中部，结锈厚重，器形似铁筒状，口部残，口径6.6、高9.1、厚0.6厘米（图一六，2；彩版三八，3）。

4. BM24

BM24位于北区中部，墓向10°。开口于第3层下，平面呈长方形，竖穴土圹墓，墓口距地表深1.46米，墓底距地表深3.26米，墓圹南北长4.1米，东西宽1.9米。内填花土，土质松软，墓底内置单棺，棺头带头厢，已朽。棺长2.14米，宽0.65—0.9米，残高0.26米。棺内骨架已呈粉末状，头向、面向、葬式、性别均不详。头厢东西宽1.12—1.24米，南北长1.24米，残高0.26米（图一七；彩版三，1）。

彩绘陶壶　2件。BM24：1，位于头厢西部。泥质灰陶，轮制，火候不高。侈口，沿面宽平，未发现盖，束颈渐粗，腹部圆鼓，最大腹径近肩部，圜底，圈足外撇。腹壁和颈部施彩绘，颜料剥落严重，纹饰图案较为模糊。口径13.1、最大腹径20.9、底径13.4、高31.5厘米（图一八，1；彩版三八，4）。BM24：2，位于头厢中部。灰陶，轮

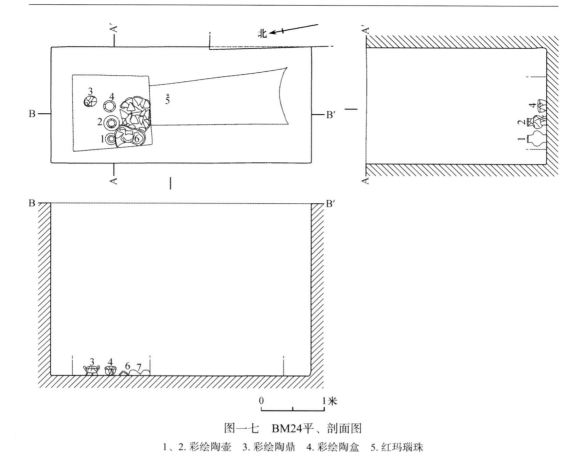

图一七 BM24平、剖面图

1、2.彩绘陶壶 3.彩绘陶鼎 4.彩绘陶盒 5.红玛瑙珠

制,火候高。侈口,沿面宽平,未发现盖,束颈渐粗,腹部圆鼓,最大腹径近肩部,圜底,圈足外撇。腹壁和颈部施彩绘,颜料剥落严重,纹饰图案较为模糊。纹饰可分为颈部、肩部、腹部三个纹饰带。颈部饰一周俯、仰相间的连续三角界格,俯三角内填绘圆圈、变形椭圆类几何纹,仰三角内填绘云气纹。皆以白彩勾勒轮廓,线内以红彩填涂晕染。肩部纹饰模糊。腹部以红、白二色绘一周横向折线S纹。腹壁下部另有两道黑色弦纹。口径13.2、最大腹径20.9、底径13.5、高31.6厘米(图一八,4;彩版三八,2)。

彩绘陶鼎 1件。位于头厢东北隅,遭挤压破碎。BM24:3,泥质灰褐陶,火候不高。子母口,圆腹,圜底,口沿处置双立耳,腹下接三个兽蹄足。覆钵式盖,直口穹顶,立耳外沿、口沿下及蹄足上部涂红彩,盖口沿上、下各以红彩绘一道弦纹,顶面用红、白彩绘四组相连的云气纹,彩绘剥落严重,纹饰模糊。口径11.9、最大腹径17.1、高12.5厘米;盖径17.1,盖高5.5(图一八,5;彩版三八,5;彩版三九,1)。

彩绘陶盒 1件。出土于头厢内。BM24:4,泥质灰陶,子母口,腹部浑圆,下腹缓收,小平底内收。外壁满饰红、白彩绘。口沿下及腰部以白彩勾出两组弦

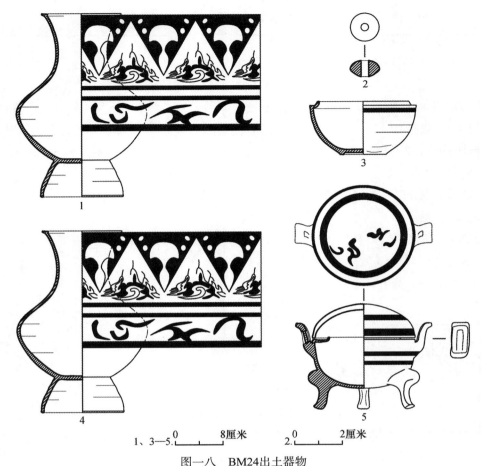

图一八　BM24出土器物

1、4.彩绘陶壶（BM24：1、BM24：2）　2.红玛瑙珠（BM24：5）　3.彩绘陶盒（BM24：4）

5.彩绘陶鼎（BM24：3）

纹，器里涂红彩，彩绘剥落严重。口径15.2、底径9.1、高7.7厘米（图一八，3；彩版三九，4）。

红玛瑙珠　1件。BM24：5，出土于棺的北部。玛瑙质，肉红色，整体呈扁轮状，中间有一小孔，两面对钻而成，直径1.2、厚0.7厘米，孔径0.3厘米（图一八，2；彩版三九，2）。

5. BM28

BM28位于北区中部，墓向10°。墓口距地表深1.82米，墓底距地表深2.8米，墓圹南北长3.64米，东西宽1.5—1.54米。内填花土，土质松软，墓底内置单棺，棺木已朽。棺长2.06米，宽0.62—0.58米，残高0.26米。棺内骨架保存较差，头向北，面向西，葬式、性别均不详。棺木北端有一长方形土坑，东西长1.31米，南北宽0.41米，深0.25

米，是为头厢，内随葬陶器3件（图一九；彩版三，2）。

BM28出土器物3件，均位于头厢中部。1件彩绘带盖陶壶，1件陶鼎、1件灰陶盒。

彩绘带盖陶壶　1件。BM28：1，泥质灰陶，轮制，火候不高。侈口，沿面宽平，束颈较粗，带盖，盖面纹饰脱落。鼓部圆腹，最大腹径居中，圜底，矮圈足外撇。壶身轮制痕迹似弦纹。腹壁和颈部施彩绘，因剥落严重，纹饰图案不明。口径13、最大腹径18.9、底径12.4、高27.8厘米；盖直径14.8、高3.4厘米（图二〇，1；彩版三九，5；彩版四〇，2）。

陶鼎　1件。位于头厢东北，遭挤压破碎。BM28：2，泥质灰陶，火候高。子母口，圆腹，圜底，口沿处置双立耳，腹下接三个兽蹄足。覆钵式盖，直口，穹顶。立耳外沿、口沿下及蹄足根部涂白彩，顶面用红、白彩绘四组相连的云气纹。口径14.9、底径24.4、高14.2厘米（图二〇，3；彩版三九，6、7；彩版四〇，1）。

灰陶盒　1件。BM28：3，泥质灰陶，火候高。子母口，圆腹下收，小平底。口径16.6、底径5.8、高7.8厘米（图二〇，2；彩版四一，2）。

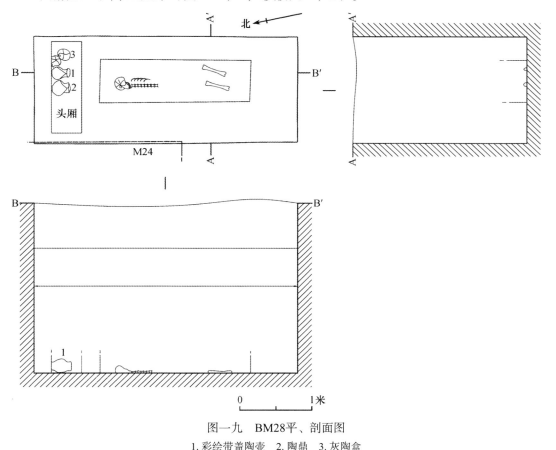

图一九　BM28平、剖面图

1.彩绘带盖陶壶　2.陶鼎　3.灰陶盒

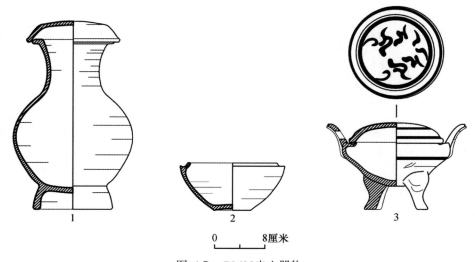

图二〇　BM28出土器物

1.彩绘带盖陶壶（BM28：1）　2.灰陶盒（BM28：3）　3.陶鼎（BM28：2）

第二节　明代墓葬

北区共发现明代墓葬20座，集中分布于发掘区中南部，中部和北部仅有零星分布。20座明代墓葬包括10座竖穴土圹单棺墓、5座竖穴土圹双棺（人）墓和2座石室墓，另有3座搬迁墓。以下按此分类进行介绍。

一、竖穴土圹单棺墓

共10座。均开口于第2层下，平面呈长方形，南北向。墓口距地表深0.38—0.92米，墓底距地表深度一般接近2米，BM12墓底深度达到3.2米，BM16墓底最深，达4.54米。墓圹长度一般在3米左右，BM12墓圹长度达到3.1米，BM16墓圹最长，达4.3米。墓圹宽度在1.2—1.7米，BM12墓圹宽度达到2.3米，BM16墓圹最宽，达3.1米。墓内皆葬单棺，棺木长多在2米，BM25棺木最长，达2.42米；棺木宽0.54—0.7米，BM25棺木最宽，达0.84—0.9米。因墓室上部遭受不同程度破坏，各棺残存高度不一，在0.1—0.78米，BM12残存高度最高，达0.78米（图二一）。

1. BM3

位于发掘区东南部，墓向10°。开口于第2层下，平面呈长方形，墓口距地表深0.52米，墓底距地表深1.78米，墓圹南北长3米，东西宽1.3米。内填花土，土质松软，墓内置单棺，棺木已朽。棺长2.06米，宽0.56—0.5米，残高0.16米。骨架保存较差，头向北，俯身直肢，为男性（图二二；彩版四，1）。

瓷罐　1件。BM3：1，灰褐色胎，火候高，茶叶末釉。直口，矮颈，圆鼓腹，最大腹径居中，圈足。口径9.3、腹径14.8、足径6.8厘米（图二三；彩版四一，3）。

2. BM4

位于发掘区东南部，墓向10°。开口于第2层下，平面呈长方形，墓口距地表深0.7米，墓底距地表深1.6米，墓圹南北长3.1米，东西宽1.64米。内填花土，土质松软，墓内置单棺，棺木已朽。棺长2.1米，宽0.54—0.6米，残高0.12米。骨架保存较差，头向北，面向上，仰身直肢，为男性（图二四；彩版四，2）。

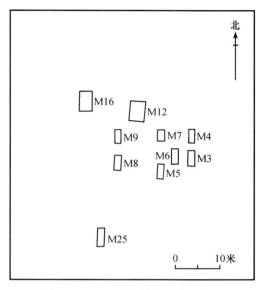

图二一　北区明代单棺墓葬示意图

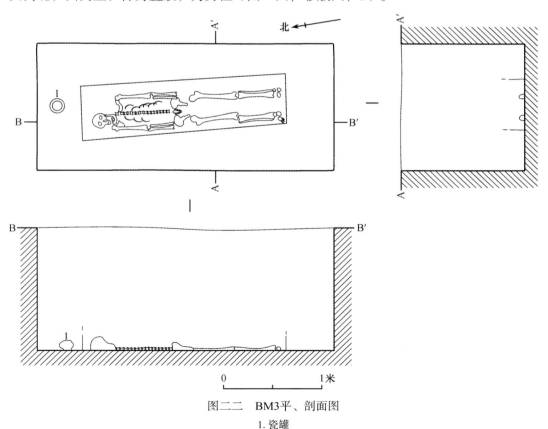

图二二　BM3平、剖面图
1. 瓷罐

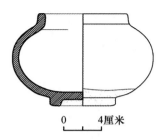

图二三　BM3出土瓷罐（BM3：1）

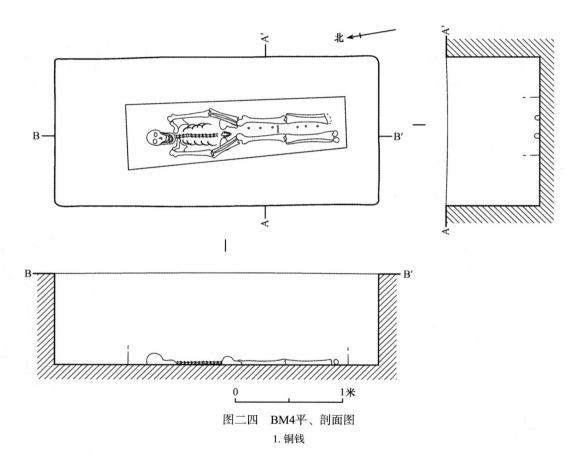

图二四　BM4平、剖面图

1. 铜钱

铜钱　30枚，大多锈残。BM4：1-1，范铸，钱正面楷书，上下右左对读"嘉靖通宝"，背素面。钱径2.54、穿径0.61、郭宽0.2、郭厚0.31厘米，钱重3.9克（图二五，1）。BM4：1-2，范铸，钱正面楷书，上下右左对读"嘉靖通宝"，背素面。钱径2.65、穿径0.7、郭宽0.24、郭厚0.31厘米，钱重3.7克（图二五，2）。BM4：1-3，范铸，钱正面楷书，上下右左对读"嘉靖通宝"，背素面。钱径2.41、穿径0.6、郭宽0.19、郭厚0.29厘米，钱重3.8克（图二五，3）。

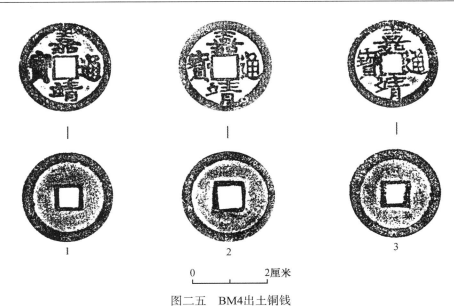

图二五　BM4出土铜钱

1—3. 嘉靖通宝（BM4∶1-1、BM4∶1-2、BM4∶1-3）

3. BM5

位于发掘区东南部，墓向10°。开口于第2层下，平面呈长方形，墓口距地表深0.48米，墓底距地表深1.3米，墓圹南北长3.1米，东西宽1.26米。内填花土，土质松软，墓内置单棺，棺木已朽。棺长1.96米，宽0.5—0.54米，残高0.2米，骨架保存较差，头向北，面向东，仰身直肢，为男性（图二六；彩版五，1）。

铜钱　3枚。BM5∶1-1，范铸，钱正面楷书，上下右左对读"政和通宝"，背素面。钱径2.35、穿径0.68、郭宽0.25、郭厚0.21厘米，钱重2.6克（图二七，1）。BM5∶1-2，范铸，钱正面楷书，上下右左对读"皇宋通宝"，背素面。钱径2.49、穿径0.87、郭宽0.29、郭厚0.22厘米，钱重3.1克（图二七，2）。BM5∶1-3，范铸，钱正面篆书，顺时针旋读"天圣元宝"，背素面。钱径2.46、穿径0.79、郭宽0.23、郭厚0.26厘米，钱重2.9克（图二七，3）。

4. BM6

位于发掘区东南部，墓向10°。开口于第2层下，平面呈长方形，墓口距地表深0.66米，墓底距地表深1.76米，墓圹南北长3.1米，东西宽1.36—1.5米。内填花土，土质松软，墓内置单棺，棺木已朽。棺长2.02米，宽0.5—0.64米，残高0.2米。骨架保存较差，头向北，面向东，仰身直肢，为男性（图二八；彩版五，2）。

金饰　1件。BM6∶1，似为簪首，半球状，金箔制成，底部有圆孔，内残存朽木。直径1.2、高0.6厘米（图二九，2；彩版三九，3）。

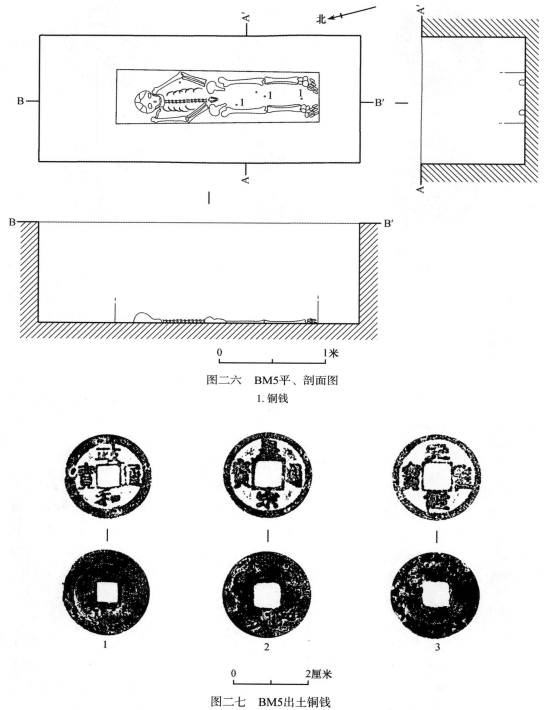

图二六　BM5平、剖面图
1. 铜钱

图二七　BM5出土铜钱
1. 政和通宝（BM5：1-1）　　2. 皇宋通宝（BM5：1-2）　　3. 天圣元宝（BM5：1-3）

铜腰带 1套。BM6：2，共20片，外有铜皮包裹，内残存朽木，纹饰腐朽不清。长7.3、宽5.4、厚约1厘米（图二九，1；彩版四一，1）。

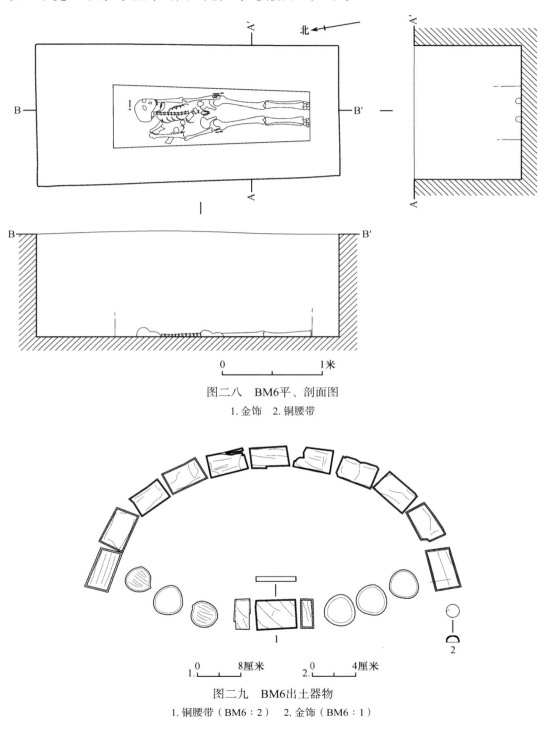

图二八 BM6平、剖面图

1. 金饰 2. 铜腰带

图二九 BM6出土器物

1. 铜腰带（BM6：2） 2. 金饰（BM6：1）

5. BM7

位于发掘区东南部，墓向10°。开口于第2层下，平面呈长方形，墓口距地表深0.6米，墓底距地表深1.9米，墓圹南北长3米，东西宽1.64—1.7米。内填花土，土质松软，墓内置单棺，棺木已朽。棺长1.96米，宽0.5—0.56米，残高0.1米。骨架保存较差，头向北，面向上，仰身直肢，为男性（图三〇；彩版六，1）。

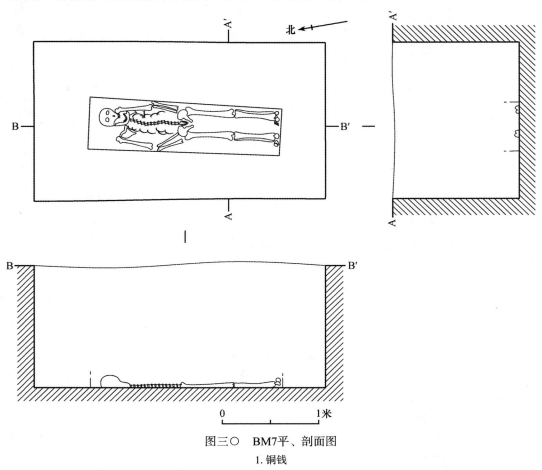

图三〇　BM7平、剖面图
1. 铜钱

铜钱　2枚。BM7：1-1，范铸，钱正面楷书，顺时针旋读"祥符通宝"，背素面。钱径2.39、穿径0.66、郭宽0.26、郭厚0.26厘米，钱重2.4克（图三一，1）。BM7：1-2，范铸，钱正面篆书，顺时针旋读"圣宋元宝"，背素面。钱径2.3、穿径0.74、郭宽0.15、郭厚0.23厘米，钱重2.7克（图三一，2）。

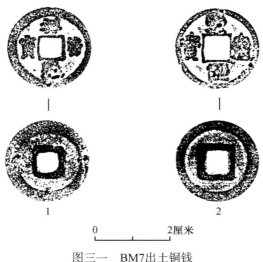

图三一　BM7出土铜钱

1. 祥符通宝（BM7∶1-1）　　2. 圣宋元宝（BM7∶1-2）

6. BM8

位于发掘区西南部，墓向5°。开口于第2层下，平面呈长方形，墓口距地表深0.41米，墓底距地表深1.47米，墓圹南北长3米，东西宽1.2—1.3米。内填花土，土质松软，墓内置单棺，棺木已朽。棺长2.3米，宽0.74—0.82米，残高0.16米。骨架保存较差，头向北，面向东，仰身直肢，为男性（图三二；彩版六，2）。

釉陶罐　1件。BM8∶1，直口，短直颈，斜肩，弧腹，平底内凹。灰褐胎，肩以上施半釉。口径8.5、腹径12、高12、底径8.2厘米（图三三；彩版四一，4）。

铜钱　9枚。大多锈残。BM8∶2-1，范铸，钱正面楷书，上下右左对读"万历通宝"，背素面。钱径2.51、穿径0.63、郭宽0.31、郭厚0.24厘米，钱重3克（图三四，1）。BM8∶2-2，范铸，钱正面楷书，上下右左对读"万历通宝"，背素面。钱径2.59、穿径0.74、郭宽0.23、郭厚0.31厘米，钱重4克（图三四，2）。BM8∶2-3，范铸，钱正面楷书，上下右左对读"万历通宝"，背素面。钱径2.51、穿径0.71、郭宽0.25、郭厚0.21厘米，钱重2.9克（图三四，3）。BM8∶2-4，范铸，钱正面楷书，上下右左对读"万历通宝"，背素面。钱径2.54、穿径0.57、郭宽0.23、郭厚0.34厘米，钱重4.6克（图三四，4）。

7. BM9

该墓位于发掘区西南部，墓向5°。开口于第2层下，平面呈长方形，墓口距地表深0.7米，墓底距地表深2米，墓圹南北长3.3米，东西宽1.5米。内填花土，土质松软，墓内置单棺，棺木已朽。棺长2.34米，宽0.56—0.66米，残高0.3米。骨架保存较差。头向北，面向东，仰身直肢，为男性（图三五；彩版七，1）。

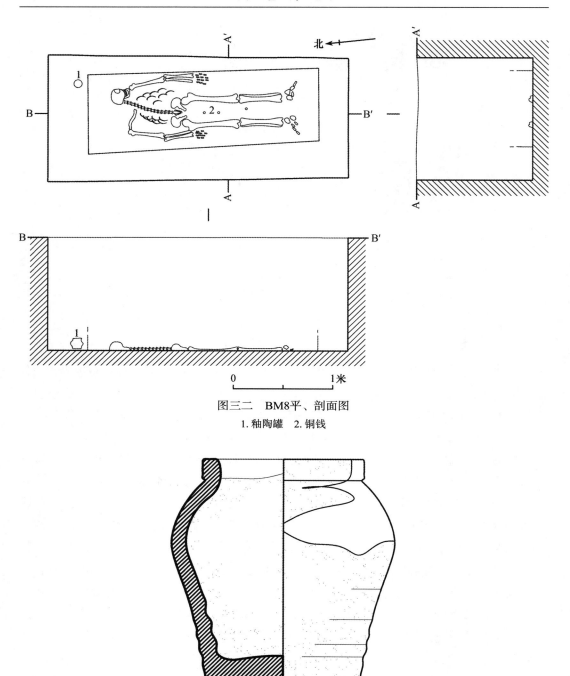

图三二　BM8平、剖面图

1. 釉陶罐　2. 铜钱

图三三　BM8出土釉陶罐（BM8：1）

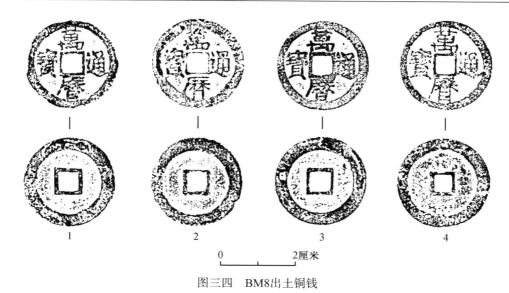

图三四　BM8出土铜钱

1—4.万历通宝（BM8：2-1、BM8：2-2、BM8：2-3、BM8：2-4）

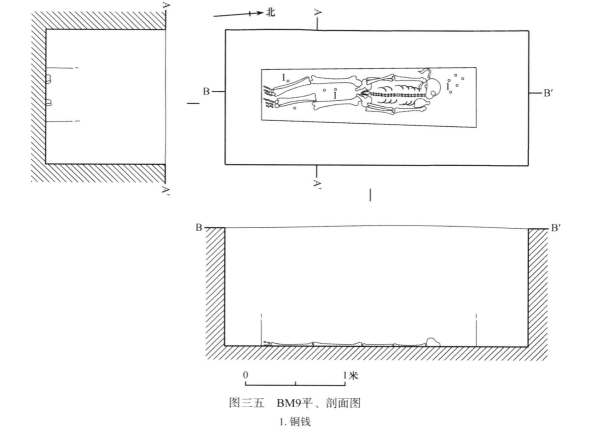

图三五　BM9平、剖面图

1.铜钱

铜钱　20枚。大多已锈残。BM9：1-1，范铸，钱正面楷书，上下右左对读"万历通宝"，背素面。钱径2.53、穿径0.65、郭宽0.24、郭厚0.33厘米，钱重4.6克（图三六，1）。BM9：1-2，范铸，钱正面楷书，上下右左对读"万历通宝"，背素面。钱径2.48、穿径0.57、郭宽0.27、郭厚0.29厘米，钱重4.1克（图三六，2）。BM9：1-3，范铸，钱正面楷书，上下右左对读"万历通宝"，背素面。钱径2.48、穿径0.57、郭宽0.27、郭厚0.31厘米，钱重4.2克（图三六，3）。BM9：1-4，范铸，钱正面篆书，上下右左对读"宣和通宝"，背素面。钱径2.7、穿径0.84、郭宽0.22、郭厚0.34厘米，钱重5.5克（图三六，4）。

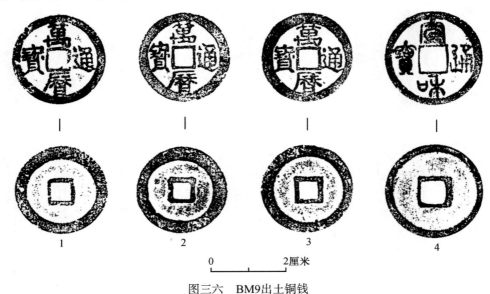

图三六　BM9出土铜钱

1—3. 万历通宝（BM9：1-1、BM9：1-2、BM9：1-3）　4. 宣和通宝（BM9：1-4）

8. BM12

位于发掘区中北部。墓向10°。开口于第2层下，平面呈长方形，墓口距地表深0.9米，墓底距地表深3.2米，墓圹南北长3.1米，东西宽2.3米。内填花土，土质松软，墓内置单棺，棺木已朽。棺长2.36米，宽0.7米，残高0.6—0.78米。骨架保存较差，头向北，面向上，仰身直肢，为男性（图三七；彩版七，2）。

棺木头端外侧土圹有一生土台，台上放一盒墓志，志、盖带字面相对扣合，外箍一道铁箍。

在墓圹发现有疑似木冪残痕，墓室四角各一个，东、西两壁中部各一个，共计三对。上部均为近似"山"形，下有细长柄，上部长、宽约30厘米，通高约1.3米，三对形制近似，但各不相同。似髹有黑、白色漆。

白釉罐　1件。BM12：1，出土于头端棺板外侧。胎土白净细腻，制作精细，釉

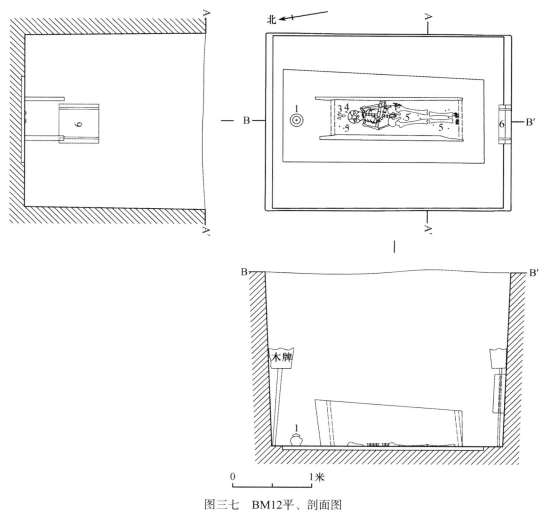

图三七　BM12平、剖面图

1. 白釉罐　2. 玉带　3. 料珠　4. 金箔片　5. 铜钱　6. 墓志

汁莹润，腹部见横向接胎痕。盖作帽盔状，宝珠纽，双唇口。直口，坡颈，圆肩，斜直腹，胫部缓收，矮圈足，平底。圈足露胎无釉，足脊宽平经打磨，足脊有出窑时去除窑粘留下的磕碰。肩部有使用磨痕，口沿见细微磕碰痕，盖面出土时已略破损。通高26、口径10.4、腹径20、足径13厘米；盖直径12.1、高5.6厘米（图三八，1；彩版四一，5；彩版四二，1）

玉带　1条　BM12：2。出土时散落在石棺床上，已失去原连缀顺序。现有12块玉带板。白玉微泛黄，局部现白色土沁，背面在透雕纹饰空隙间残留锈蚀的用于连缀的铜丝。三台1块（背面残留有铜带钩锈痕），辅弼2块，圆桃4块，排方5块，三台与排方6块玉带板尺寸基本一致，均长6、宽3.7、厚0.4厘米。透雕有纹饰，题材为松鹿纹，雕刻精细（图三九；彩版四二，2）。

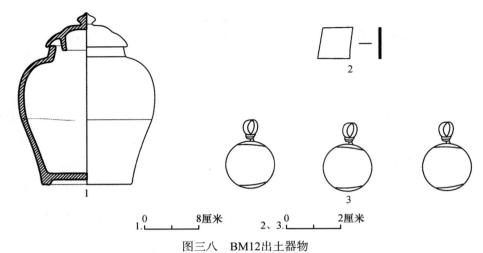

图三八　BM12出土器物

1. 白釉罐（BM12：1）　2. 金箔片（BM12：4）　3. 料珠（BM12：3）

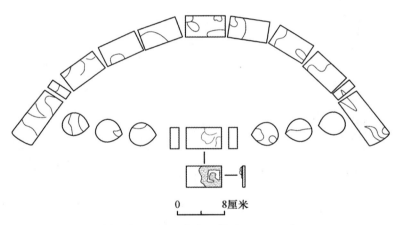

图三九　BM12出土玉带（BM12：2）

　　料珠　3颗。出土于头骨附近。肉红色，钻有对穿小孔，中系银质链环。BM12：3，直径1.8厘米（图三八，3；彩版四三，1）。

　　金箔片　1件。含在头骨口中。BM12：4，长1.3、宽1.1厘米，重1.1克（图三八，2；彩版四三，2）。

　　铜钱　20枚。大多已锈残。BM12：5-1，范铸，钱正面楷书，上下右左对读"弘治通宝"，背素面。钱径2.4、穿径0.7、郭宽0.2、郭厚0.29厘米，钱重3.4克。BM12：5-2，范铸，钱正面楷书，顺时针旋读"祥符元宝"，背素面。钱径2.39、穿径0.66、郭宽0.23、郭厚0.24厘米，钱重2.3克。BM12：5-3，范铸，钱正面楷书，顺时针旋读"元祐通宝"，背素面。钱径2.3、穿径0.79、郭宽0.19、郭厚0.22厘米，钱重2.3克。

　　墓志　1盒。BM12：6，盖、志尺寸相同，皆长63、宽62.7、单块墓志厚12.7厘米。灰白色大理石质（图四〇）。

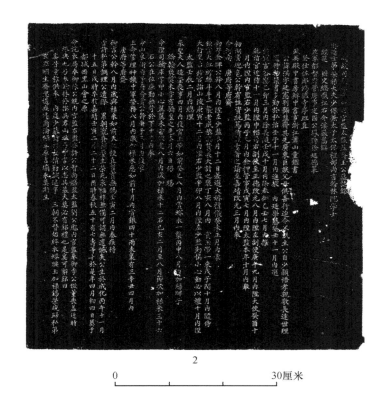

1

2

0　　　　　　　　　　　　　　　30厘米

图四〇　BM12出土墓志（BM12：6）

盖顶篆书"明故内官监太监益斋王公墓志铭",四列14字。

志文录入如下:

明故司钥库掌印内官监太监益斋王公墓志铭/赐进士第、荣禄大夫、少保兼太子太保、礼部尚书、翰林院学士、/经筵国史总裁、江右介溪严嵩撰。/右军都督府管府事、定国公、凤阳徐延德篆。/登仕左郎、鸿胪寺序班、直/武英殿中书房办中书事、浙江萧山童鉴书。/公讳满,字廷宪,别号益斋,其先广东巨族,父母俱善行,迨今泯生。公自少颖悟,孝亲敬长,达世理、/通时物,读书多勤。于弘治壬子十一月内进掖内廷学艺,癸丑十一月内选/清宁宫答应,乙卯三月内除长随,壬午十月内除奉御,乙丑七月内擢/乾清宫近侍,十一月内升巾帽局右副使。至正德改元,八月内升左副使,庚午九月内升大使,癸酉十/月内升内官监右少监,丙子九月内签押管事,戊寅七月内升太监。本年十月内奉/敕湖广,迎扈公干,有性资纯笃、清谨素著之谕。至嘉靖改元,三月内奉/命河南唐府等府,赍/敕符金牌公干。八月内升左少监,本月十二日差选大婚礼仪,癸未正月内蒙/钦赏大红纻丝斗牛二袭,老成恭慎,赞襄大计之褒。丁亥八月内赏玉带一束,戊子闰十月内/随侍大行皇后梓宫诣山陵。庚寅十二月内升右少监,辛卯八月内升左少监,勤慎小心,动必以礼。十月内/升太监,壬辰二月内总理/奉圣夫人造茔丧事,四月内复赏玉带如前,癸巳八月内赏蟒衣一袭;丙申八月内加赐牌子/纶斡褒奖,未尝有骄盈之色,本月六日仍赐/命升司钥库掌印,小心翼翼,未尝暇处,八月内岁加禄米十二石,乙亥二月至八月节次加禄米三十六/石。公在位廉勤,无苛于下,十二月内奉/命山东衡府等府,赍赏公干。庚子三月内复蒙/上命管理神机中军营务,八月内岁加禄米悉如前,十月内赏银四十两表里有三。辛丑四月内/唐府等府,赍/御书公干,八月内岁与禄米如前。天性梗直,质实无伪,壬寅二月内奏疾,得/旨许私第调理。公遭际累朝,宠赉稠叠,生荣死哀,福祚兼备,可谓无遗憾矣。公生于成化丙午十一月/十五日戌时,卒于嘉靖壬寅二月二十二日酉时,春秋五十有七,寿等。卜于是年四月初四日,葬于/都城西,黑山会之原。/命浣衣局奉御陈公铣、内官监右丞许公智、尚膳监太监刘公彪、内官监奉御李公做董丧,盖近时/殊典也。乃奉翰林修撰吴君山状丐予言,以志其墓。夫葬必有铭,礼也。是奚可辞?铭曰:/奚昔童稚,供奉内廷。少慕诗礼,长积勤诚。逮事三朝,不替始终。衣蟒腰玉,加禄赐荣。晚归私第,/玄然顺生。齐乎遘疾,遽而沦倾。阜原吉崩,永奠斯生。

　　　　(/表示另行)

9. BM16

位于发掘区中部偏西。墓向10°。开口于第2层下，平面呈长方形，墓口距地表深0.92米，墓底距地表深4.54米，墓圹南北长4.3米，东西宽3.1米，墓底南北长3.6米，东西宽3.02米。内填花土，土质松软，墓内置单棺，棺木已朽。棺长2.3米，宽0.64—0.7米，残高0.32—0.52米。骨架保存较差，头向北，男性，面向、葬式不详。

棺木头端外侧土圹有一生土台，台上放一盒墓志，志、盖带字面相对扣合，外箍一道铁箍。

在墓圹发现有疑似木翣残痕，墓室四角各一个，东、西两壁中部各一个，共计三对。上部均为近似"山"形，下有细长柄，上部长、宽约30厘米，通高约1.3米，三对形制近似，但各不相同。似髹有黑、白色漆（图四一；彩版八，1）。

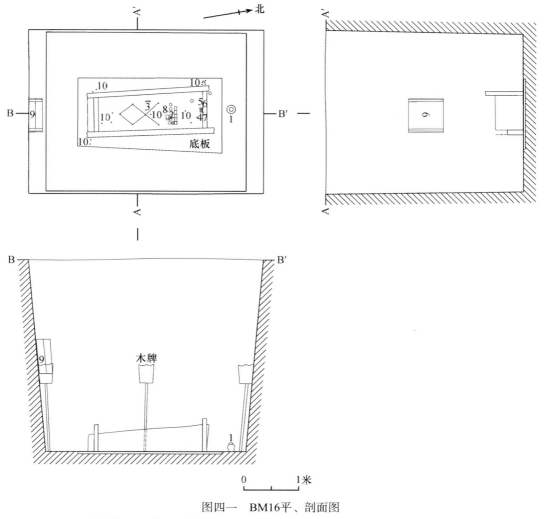

图四一　BM16平、剖面图

1.白粘罐　2.玉带　3.木片　4、5.金耳勺　6、7.金簪　8.金环　9.墓志　10.铜钱

白釉罐 1件。BM16：1，出土于头端棺板外侧。胎土白净细腻，制作精细，釉汁莹润，釉面隐约见橘皮纹，肩、腹交接处见横向接胎痕。盖作帽盔状，宝珠纽，双唇口。直口，短颈，圆鼓肩，斜直腹，胫部缓收，矮圈足，平底。圈足露胎无釉，足脊宽平打磨光滑。盖面及肩部有使用磨痕，口沿见细微磕碰痕，盖的一侧口沿部分遭人为磕去。通高22.8、口径8.6、腹径16.6、足径11.5厘米；盖直径10.4、高6厘米。此罐具永宣甜白釉特点（图四二，1；彩版四三，3、4）。

玉带 1条。BM16：2，出土时散落在石棺床上，已失去原连缀顺序。现有20块玉带板。光素无纹，白玉微泛黄，局部现白色土沁，背面在四角处钻有穿鼻，多残留有锈蚀的用于连缀的铜丝。三台1块（背面残留有铜带钩锈痕），辅弼4块，其中1块辅弼锈结有铜带扣残片，圆桃6块，鱼尾2块，排方6块；铜带扣1件，残损严重，铜鎏金，粘附有织物残片（图四三；彩版四四，1）。

木片 1件。BM16：3，薄片状，木质坚硬，一端粗，一端细，近粗端处钻有小孔，小巧平滑。长12.6厘米（图四二，7；彩版四四，2；彩版四五，1）。

金耳勺 2件。出土于头骨附近。BM16：4，长6.8厘米，重5.1克（图四二，5；彩版四五，2）。BM16：5，长6.8厘米，重5.6克（图四二，6；彩版四五，2）。

金簪 2件。出土于头骨附近。BM16：6，长6厘米，重6.7克（图四二，3；彩版四五，3）。BM16：7，长5.9厘米，重6.7克（图四二，4；彩版四五，3）。

金环 1件。含在头骨口中。BM16：8，外径1.2、内径1.7厘米，重1.8克（图四二，2；彩版四五，4）。

墓志 1盒。BM16：9。盖、志尺寸相同，边长64、墓志厚12.6厘米。灰白色大理石质（图四四）。

盖顶篆书“明故前两京司礼监太监李公之墓”，五行14字。

志文楷书，55行，满行29字，共计863字。录志文如下：

明故前两京司礼监太监、今奉/敕提督正阳等九门巡城点军、内官监太监李公墓志铭/赐进士及第、光禄大夫、柱国、少保兼太子太傅、礼部尚书、武英殿大学士、知制诰同知/经筵事、国史总裁官，昆山顾鼎臣撰文/赐进士出身、光禄大夫、柱国、太子太保、兵部尚书、侍/经筵、前本部左侍郎兼都察院右副都御史、总督两广等处地方、古沧张瓒书丹并撰盖。/公讳瓒，字廷器，别号敬斋，世为保定府新城县人。考玉、姚王氏俱早卒，公自幼颖敏，识者谓非凡子。弘治癸丑被选入/内庭司礼监读书，受翰林儒臣业有成，乙卯供事六科廊。正德改元，丙寅以年劳赐牙牌带，益勤职务，丁卯赐帽带，庚午升典簿莅政，辛未/命管/英庙淑妃高氏丧礼，丙申春进右监丞，冬进左监丞，乙亥进右少监，丁丑进左少监。戊寅/孝贞纯皇后崩逝，公宣府迎请/圣驾回銮，继差安陆报/讣，赏彩织蟒衣。乙卯春赐玉带，秋/命管雍靖王妃吴氏丧礼，辛巳/今上/嗣登大宝，恭办/即位冠顶袍服一应大礼、文书，/成，赏费有加，寻差湖广、长沙、吉府、蕲州、/荆府公干。嘉靖改元，壬午，管办/今上大婚，礼成，/赏大红纻丝纱罗飞鱼各一表里疋。癸未，/命提督管理本监经厂、书堂，一应钱粮造作等项。乙酉夏，奉/敕湖广武岗州，勘问/岷府不法事，情详明允，时论韪之。寻成造《文献通考》，书成升太监，冬调内官监太监奉/敕提督太岳太和山烧香管事，兼分守湖广行都司等处地方。丁亥有不轨者，公驰奏抚安宁息，/今上褒嘉有白金表里之赐。乙丑，调南京司礼监太监守备。公感/今上知遇，益加砥砺，恒以鞠躬尽瘁，尽忠报国自誓。辛卯春，/命掌本监印信，/符验关防。夏奉/敕会官审录申冤理枉，咸惬舆论，继而因事左迁今职。丙申冬，且疏恳陈，/钦准回京私家调理。戊午，/今上起用，奉/敕提督正阳等九门，巡城点军，方将大用，不期庚子十月十一日子时，偶风疾终于正寝，距其生成化戊戌正月十五日寅时，享年六十有三。讣闻，名下内官/监太监高公忠侍/上左右无暇，上遣司礼监右监丞李公彬、内官监右监丞许公智董襄，蒙/赐宝镪五千缗，仍遣李公彬/谕祭，亦殊恩也。其丧葬一应礼物悉高公赙助也，彬等偕公姪文真等，以是年十一月初九日葬于阜成门外，黑山会延庆寺旁之原。李公等述公世行履历，/请予为墓志铭，予弗获辞。铭曰：公幼迥异，长际/明时。历官司礼，奇才茂著。累承恩命，克当/帝心。蟒玉之荣，宠赉骈臻。藩三弗守，详谳以明。太岳南都，德政覃敷。因事/左迁，太然自适。且疏恳陈，回京养疴。/简起今任，干城之托。天胡不恒，竟终猗些。卹典殊恩，光贲幽冥。千秋万祀，李公之茔。

铜钱　700枚。大多锈残。BM16：10-1，范铸，钱正面楷书，上下右左对读"崇宁重宝"，背素面。钱径3.53、穿径0.95、郭宽0.21、郭厚0.38厘米，钱重12克（图四五，1）。BM16：10-2，范铸，钱正面楷书，上下右左对读"崇宁通宝"，背素面。钱径3.53、穿径0.9、郭宽0.25、郭厚0.15厘米，钱重10.2克（图四五，2）。BM16：10-3，范铸，钱正面楷书，上下右左对读"崇宁通宝"，背素面。钱径3.35、穿径0.95、郭宽0.11、郭厚0.35厘米，钱重9.8克（图四五，3）。BM16：10-4，范铸，钱正面楷书，上下右左对读"崇宁重宝"，背素面。钱径3.22、穿径0.89、郭宽0.21、郭厚0.37厘米，钱重10克（图四五，4）。

10. BM25

位于发掘区西南部。墓向15°。开口于第2层下，平面呈长方形，墓口距地表深0.46米，墓底距地表深1.9米，墓圹南北长3.1米，东西宽1.5—1.54米。内填花土，土质松软，墓底内置单棺，棺木已朽。棺长2.42米，宽0.84—0.9米，残高0.16米。骨架保存较差，头向北，面向西，仰身直肢，为男性（图四六；彩版八，2）。

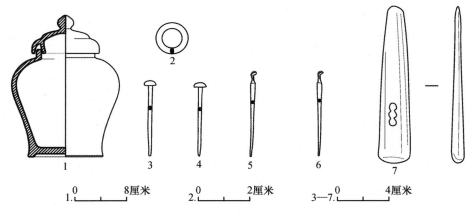

图四二　BM16出土器物

1.白釉罐（BM16：1）　2.金环（BM16：8）　3、4.金簪（BM16：6、BM16：7）　5、6.金耳勺（BM16：4、
BM16：5）　7.木片（BM16：3）

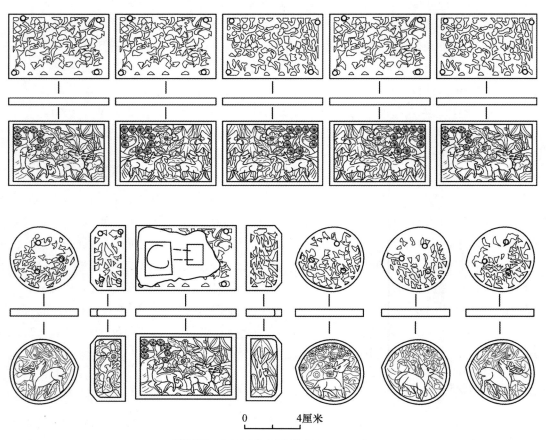

图四三　BM16出土玉带（BM16：2）

1

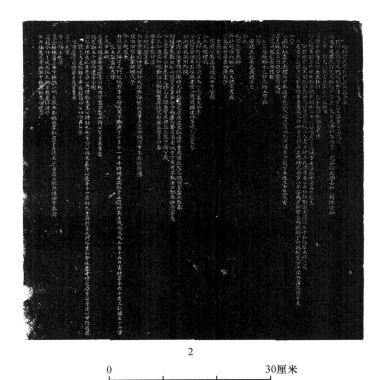

2

图四四　BM16出土墓志（BM16：9）

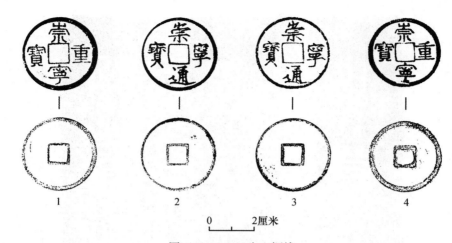

图四五　BM16出土铜钱

1、4. 崇宁重宝（BM16：10-1、BM16：10-4）　　2、3. 崇宁通宝（BM16：10-2、BM16：10-3）

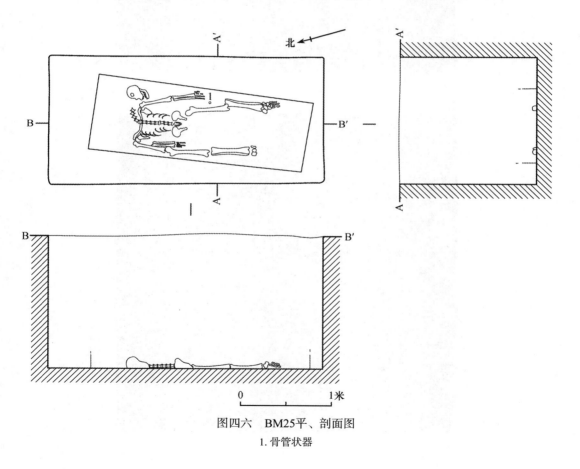

图四六　BM25平、剖面图

1. 骨管状器

骨管状器　1件。BM25：1，骨质，短圆筒状，一端开口，一端封闭，封闭端略呈拱顶状，中部开长条形孔。长2.7、直径3厘米（图四七；彩版四六，1）。此种骨管状器是北京明代太监墓中常见器物。

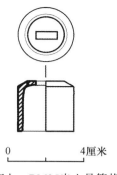

图四七　BM25出土骨管状器（BM25：1）

二、竖穴土圹双棺（人）墓

共5座。均开口于第2层下，头向西或偏西。系夫妻双人合葬（图四八）。

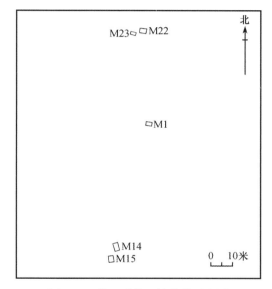

图四八　北区明代双棺墓葬示意图

1. BM1

位于发掘区东北部，墓向290°。开口于第2层下，平面呈长方形，双棺合葬墓。墓口距地表深0.51米，墓底距地表深1.39米，墓圹东西长2.7—2.8米，南北宽1.8—1.9米。内填花土，土质松软，墓内南、北置双棺，棺木已朽。南棺长1.9米，宽0.5—0.6米，残高0.26米。棺内骨架保存较差，头向西，面向上，仰身直肢，为女性。北棺长1.82米，宽0.58—0.65米，残高0.17米。棺内骨架保存较差，头向西，面向南，俯身直肢，为男性（图四九；彩版九，1）。

半釉陶罐　2件。BM1：1，位于北棺头部。直口，矮颈，溜肩，圆鼓腹，圈足。红褐色胎，肩部以上施茶叶末釉。口径8.2、足径8.6、最大腹14.8、高13.6厘米（图五〇，1；彩版四六，2）。BM1：2，位于南棺头部。直口，矮颈，溜肩，圆鼓腹，

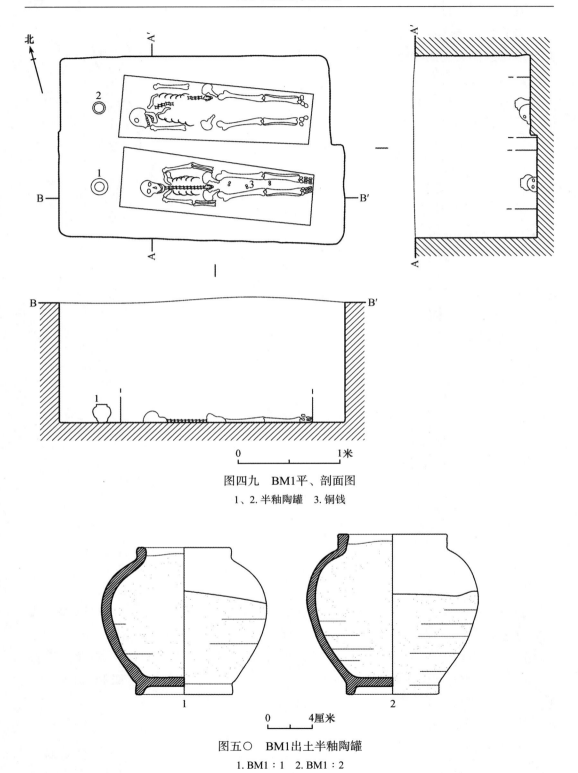

图四九　BM1平、剖面图

1、2.半釉陶罐　3.铜钱

图五〇　BM1出土半釉陶罐

1. BM1：1　2. BM1：2

圈足。红褐色胎，肩部以上施茶叶末釉。口径9.6、足径7.9、最大腹15.4、高14.8厘米（图五〇，2；彩版四六，3）。

铜钱 6枚，1枚已锈残。BM1：3-1，范铸，钱正面楷书，顺时针旋读"祥符元宝"，背素面。钱径2.43、穿径0.64、郭宽0.72、郭厚0.23厘米，钱重2.7克（图五一，1）。BM1：3-2，范铸，钱正面楷书，顺时针旋读"景德元宝"，背素面。钱径2.41、穿径0.67、郭宽0.28、郭厚0.27厘米，钱重3.4克（图五一，2）。BM1：3-3，范铸，钱正面楷书，上下右左对读"开元通宝"，背素面。钱径2.26、穿径0.76、郭宽0.15、郭厚0.21厘米，钱重2.3克（图五一，3）。BM1：3-4，范铸，钱正面篆书，顺时针旋读"至元通宝"，背素面。钱径2.42、穿径0.73、郭宽0.37、郭厚0.26厘米，钱重3.2克（图五一，4）。BM1：3-5，范铸，钱正面楷书，顺时针旋读"元祐通宝"，背素面。钱径2.39、穿径0.76、郭宽0.18、郭厚0.24厘米，钱重3.1克（图五一，5）。

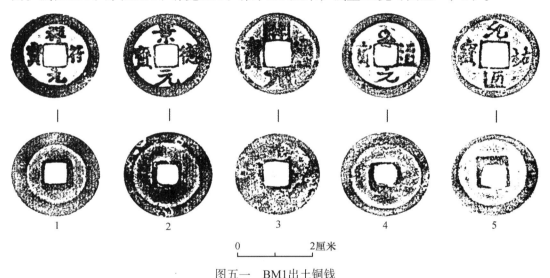

0 2厘米

图五一　BM1出土铜钱

1. 祥符元宝（BM1：3-1）　2. 景德元宝（BM1：3-2）　3. 开元通宝（BM1：3-3）　4. 至元通宝（BM1：3-4）

5. 元祐通宝（BM1：3-5）

2. BM14

位于发掘区西北部，墓向335°。开口于第2层下，平面呈长方形，双棺合葬墓，墓口距地表深0.7米，墓底距地表深2.3米，墓圹南北长2.7米，东西宽2.05—2.3米。内填花土，土质松软，墓内、东西置双棺，棺木已朽。西棺长1.98米，宽0.56—0.72米，残高0.16米，东棺长2.16米，宽0.54—0.68米，残高0.16米。无骨架。该墓为搬迁墓（图五二；彩版九，2）。

铜钱 1枚。BM14：1，范铸，钱正面篆书，顺时针旋读"元祐通宝"，背素面。钱径2.37、穿径0.78、郭宽0.21、郭厚0.23厘米，钱重3.1克（图五三）。

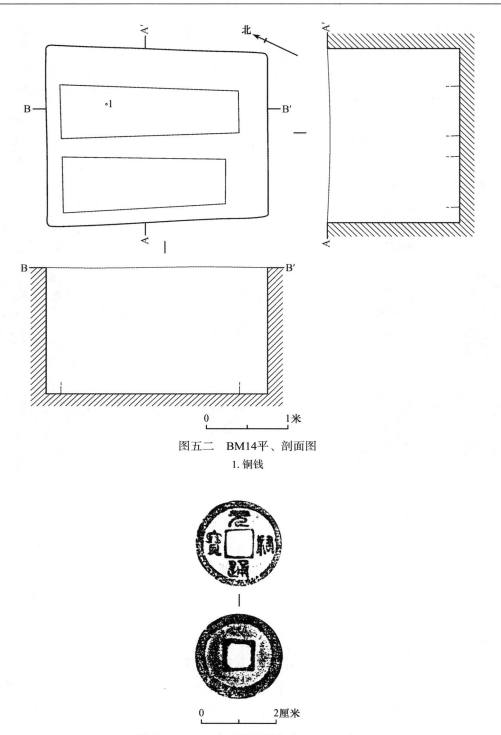

图五二　BM14平、剖面图

1. 铜钱

图五三　BM14出土元祐通宝（BM14：1）

3. BM15

位于发掘区中部偏西，墓向340°。开口于第2层下，平面呈长方形，双棺合葬墓，墓口距地表深0.65米，墓底距地表深2.69米，墓圹南北长2.96米，东西宽1.8米。内填花土，土质松软，墓底内置双棺，棺木已朽。东棺长1.96米，宽0.5—0.6米，残高0.14米，西棺长2.04米，宽0.5—0.6米，残高0.14米。无骨架。该墓为搬迁墓（图五四；彩版一〇，1）。

双系陶罐　　1件。BM15：1，红褐陶，口沿处施薄釉。直口，短束颈，溜肩，颈肩处置双系，圆筒形腹，矮圈足。口径13.8、底径10.6、最大腹径20、高21.2厘米（图五五；彩版四六，4）。

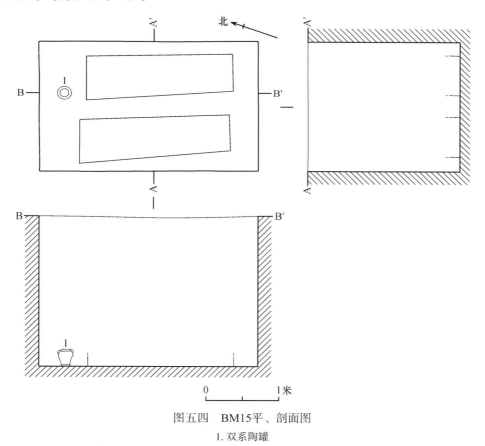

图五四　BM15平、剖面图

1. 双系陶罐

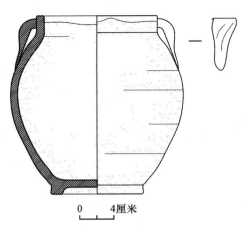

图五五　　BM15出土双系陶罐（BM15∶1）

4. BM22

位于发掘区北部，墓向290°。开口于第2层下，平面呈长方形，双棺合葬墓，墓口距地表深0.42米，墓底距地表深0.62—0.98米，墓圹南北长2.3—2.36米，东西宽1.8米。内填花土，土质松软，墓内南、北并置双棺，棺木已朽。北棺长1.9米，宽0.5—0.62米，残高0.48米。棺内骨架保存较差，头向西，面向上，仰身直肢，为男性。南棺长1.76米，宽0.4—0.52米，残高0.3米。骨架保存较差，头向西，面向上，仰身直肢，为女性（图五六；彩版一○，2）。

半釉陶罐　BM22∶1，位于北棺头部。直口，矮领，一侧置槽状流，对应一侧颈肩处置环状把，圆鼓腹，小平底，口沿一周及把施黑釉，红褐色胎。口径5.4、底径3.4、高4.9厘米（图五七，1；彩版四七，1、2）。

黑釉陶罐　BM22∶2，位于两棺之间头端。直口，矮领，溜肩，圆鼓腹，圈足，器表施黑釉，红褐色胎。口径4.6、底径5.7、高8.3厘米（图五七，3；彩版四六，5）。

铜簪　BM22∶3，已锈残，簪首部已无存。残长10厘米（图五七，2；彩版四七，3）。

铜钱　30枚，大多已锈残。BM22∶4-1，范铸，钱正面楷书，上下右左对读"开元通宝"，背素面。钱径2.43、穿径0.77、郭宽0.23、郭厚0.26厘米，钱重3.7克（图五八，1）。BM22∶4-2，范铸，钱正面篆书，顺时针旋读"元丰通宝"，背素面。钱径2.3、穿径0.77、郭宽0.23、郭厚0.32厘米，钱重4.2克（图五八，2）。BM22∶4-3，范铸，钱正面楷书，上下右左对读"大定通宝"，背素面。钱径2.49、穿径0.67、郭宽0.17、郭厚0.27厘米，钱重3.5克（图五八，3）。BM22∶4-4，范铸，钱正面楷书，顺时针旋读"咸平元宝"，背素面。钱径2.5、穿径0.73、郭宽0.26、郭厚0.24厘米，钱重3.2克（图五八，4）。BM22∶4-5，范铸，钱正面篆书，上下右左对读"政和通宝"，

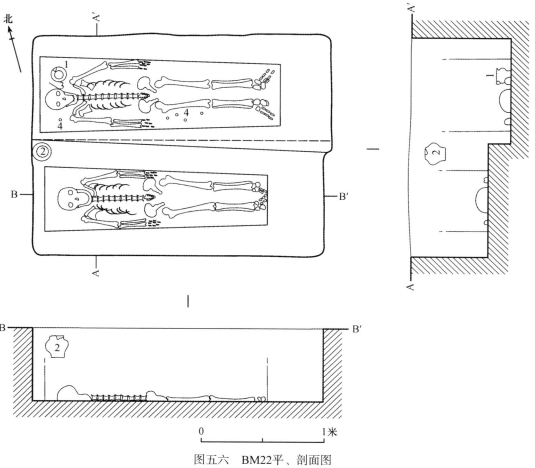

图五六 BM22平、剖面图

1.半釉陶罐 2.黑釉陶罐 3.铜簪 4.铜钱

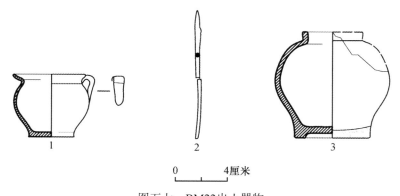

图五七 BM22出土器物

1.半釉陶罐（BM22：1） 2.铜簪（BM22：3） 3.黑釉陶罐（BM22：2）

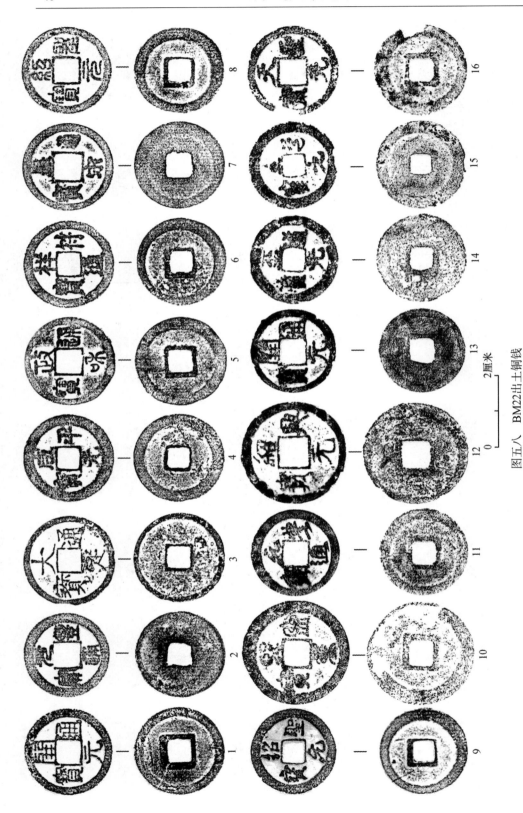

图五八　BM22出土铜钱

1、13. 开元通宝（BM22：4-1、BM22：4-13）　　2、11. 元丰通宝（BM22：4-2、BM22：4-11）　　3. 大定通宝（BM22：4-3）　　4. 咸平元宝（BM22：4-4）
5. 政和通宝（BM22：4-5）　　6. 祥符通宝（BM22：4-6）　　7. 皇宋通宝（BM22：4-7）　　8、9. 绍圣元宝（BM22：4-8、BM22：4-9）　　10. 圣宋元宝（BM22：4-10）
12. 绍兴元宝（BM22：4-12）　　14. 至元通宝（BM22：4-14）　　15. 至道元宝（BM22：4-15）　　16. 天圣元宝（BM22：4-16）

背素面。钱径2.51、穿径0.73、郭宽0.23、郭厚0.27厘米，钱重3.2克（图五八，5）。BM22：4-6，范铸，钱正面楷书，顺时针旋读"祥符通宝"，背素面。钱径2.43、穿径0.67、郭宽0.25、郭厚0.28厘米，钱重3.2克（图五八，6）。BM22：4-7，范铸，钱正面楷书，上下右左对读"皇宋通宝"，背素面。钱径2.46、穿径0.78、郭宽0.21、郭厚0.29厘米，钱重3.6克（图五八，7）。BM22：4-8，范铸，钱正面篆书，顺时针旋读"绍圣元宝"，背素面。钱径2.54、穿径0.7、郭宽0.24、郭厚0.27厘米，钱重3.6克（图五八，8）。BM22：4-9，范铸，钱正面楷书，顺时针旋读"绍圣元宝"，背素面。钱径2.39、穿径0.7、郭宽0.27、郭厚0.31厘米，钱重3.4克（图五八，9）。BM22：4-10，范铸，钱正面篆书，顺时针旋读"圣宋元宝"，背素面。钱径2.93、穿径0.78、郭宽0.37、郭厚0.34厘米，钱重6.2克（图五八，10）。BM22：4-11，范铸，钱正面篆书，顺时针旋读"元丰通宝"，背素面。钱径2.43、穿径0.72、郭宽0.25、郭厚0.24厘米，钱重3.3克（图五八，11）。BM22：4-12，范铸，钱正面楷书，顺时针旋读"绍兴元宝"，背素面。钱径2.86、穿径0.93、郭宽0.25、郭厚0.34厘米，钱重6.4克（图五八，12）。BM22：4-13，范铸，钱正面楷书，上下右左对读"开元通宝"，背素面。钱径2.34、穿径0.76、郭宽0.23、郭厚0.26厘米，钱重3.7克（图五八，13）。BM22：4-14，范铸，钱正面楷书，顺时针旋读"至元通宝"，背素面。钱径2.48、穿径0.7、郭宽0.29、郭厚0.22厘米，钱重2.7克（图五八，14）。BM22：4-15，范铸，钱正面楷书，顺时针旋读"至道元宝"，背素面。钱径2.45、穿径0.65、郭宽0.28、郭厚0.29厘米，钱重3.3克（图五八，15）。BM22：4-16，范铸，钱正面楷书，顺时针旋读"天圣元宝"，背素面。钱径2.39、穿径0.78、郭宽0.26、郭厚0.22厘米，钱重2.7克（图五八，16）。

5. BM23

位于发掘区北部，墓向290°。开口于第2层下，平面呈长方形，墓口距地表深0.42米，墓底距地表深0.76米，墓圹南北长2.5米，东西宽1.08—1.4米。内填花土，土质松软，墓内置单棺，棺木已朽。棺长1.86米，宽0.68—0.9米，残高0.16米。内葬人骨两具，骨架保存较差，均头向西，男性面向北，女性面向南，均仰身直肢。此墓系夫妻二人合葬于一棺内（图五九；彩版一一，1）。

青瓷碗　1件。BM23：1，敞口，圆唇，弧腹，圈足。灰褐色胎，青釉泛灰，内底刮釉露胎，底足露胎无釉。口径16.7、足径6.2、高7厘米（图六〇；彩版四七，4）。

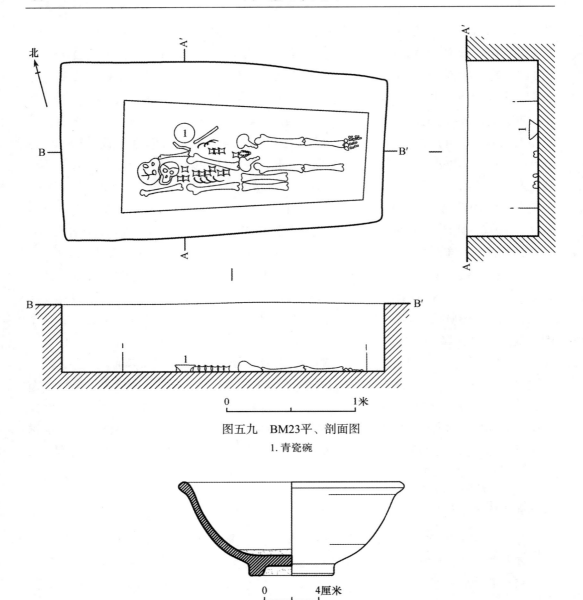

图五九　BM23平、剖面图

1.青瓷碗

图六〇　BM23出土青瓷碗（BM23:1）

三、石　室　墓

发现2座（图六一）。

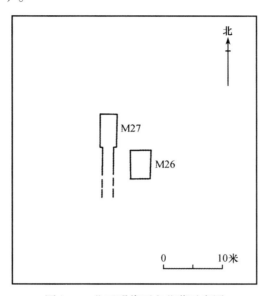

图六一　北区明代石室墓葬示意图

1. BM26

位于发掘区南部，墓向15°。开口于第2层下，平面呈长方形。墓口距地表深0.88—1.6米，墓底距墓口深3.5米，墓圹南北长5.4米，东西宽3.7米，墓室南北长3.56米，东西宽1.78米，深2.24米。墓圹与墓壁之间的空间填石片、白灰颗粒及黄土，未经夯打。墓室可分为墓顶、墓壁、棺床三部分。

墓顶以青色条石封盖，条石不论露明和背里，均经简单加工，局部尚存打剥錾痕。顶部共用七块条石，规格大小不一，东西长2.64—3米，宽0.4—0.72米，厚0.22—0.3米。

墓室四壁亦用青色条石砌筑，白灰抹缝。上下共6层，第1层，墓口平铺一块条石以包边，厚0.16米；第2层，宽0.56米；第3层平铺，厚0.16米；第4层，宽0.56米；第5层平铺，厚0.1米；第6层，宽0.6米，四壁条石长短不一。墓室条石露明部分均密布斧剁纹。

墓底平铺一层石板，厚0.1米。在墓室居中建棺床。棺床呈长方形，南北向，南北长3.2米，东西宽1.5米，高0.18米。棺床内为土芯，周边围砌条石，顶部以四块条石包边，中部用三块不规则条石拼合。棺床中部有一长方形金井，南北长0.72米，东西宽0.72米，深0.28米，墓室条石露明部分均密布斧剁纹（图六二；彩版一一，2；彩版一二，1）。

棺床上有木棺，已糟朽。由骨架可知墓主为一男性，头向北，面向东。

玉带　1条。BM26∶1，出土时散落在石棺床上，已失去原连缀顺序。现有20块玉带板。白玉较为莹润，局部现白色土沁，背面往往钻有穿鼻，多残留锈蚀的用于连缀的铜丝。透雕两层花，纹饰以龙纹、杂宝为主。20块玉带板包括三台1块（背面有铜带钩），辅弼5块，圆桃6块，鱼尾1块（长约5.2、宽3厘米），排方7块；铜片1件，实为玉带铜带扣的铜舌，已残，锈蚀严重（图六三；彩版四七，5）。

铜钱　6枚，1枚锈残。BM26∶2-1，范铸，钱正面楷书，上下右左对读"万历通宝"，背素面。钱径2.61、穿径0.66、郭宽0.26、郭厚0.32厘米，钱重4.2克（图六四，1）。BM26∶2-2，范铸，钱正面楷书，上下右左对读"万历通宝"，背素面。钱径2.52、穿径0.68、郭宽0.21、郭厚0.31厘米，钱重4.1克（图六四，2）。BM26∶2-3，范铸，钱正面楷书，上下右左对读"万历通宝"，背素面。钱径2.54、穿径0.82、郭宽

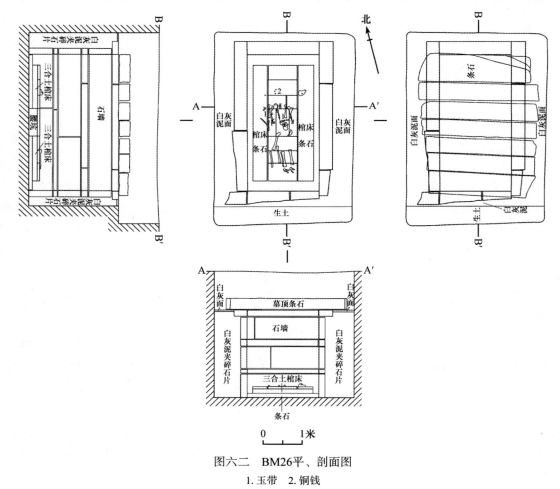

图六二　BM26平、剖面图

1. 玉带　2. 铜钱

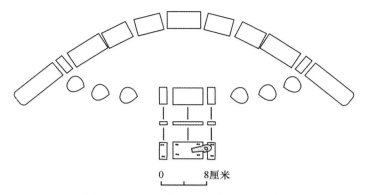

0　　　　　8厘米

图六三　BM26出土玉带（BM26：1）

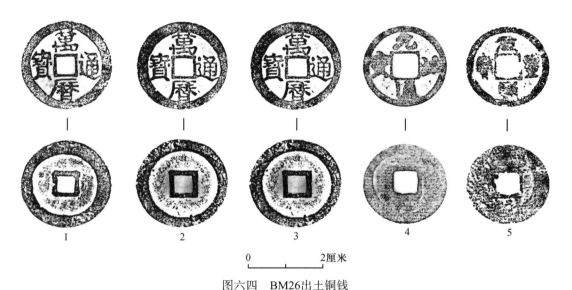

0　　　　　2厘米

图六四　BM26出土铜钱

1—3. 万历通宝（BM26：2-1、BM26：2-2、BM26：2-3）　　4. 元祐通宝（BM26：2-4）

5. 元圣通宝（BM26：2-5）

0.26、郭厚0.26厘米，钱重3.9克（图六四，3）。BM26：2-4，范铸，钱正面楷书，顺时针旋读"元祐通宝"，背素面。钱径2.32、穿径0.78、郭宽0.19、郭厚0.24厘米，钱重2.4克（图六四，4）。BM26：2-5，范铸，钱正面篆书，顺时针旋读"元圣通宝"，背素面。钱径2.25、穿径0.78、郭宽0.19、郭厚0.21厘米，钱重2.1克（图六四，5）。

2. BM27

位于发掘区南部，墓向185°。开口于第2层下，竖穴土圹石室墓，平面呈"甲"字形，墓口距地表深0.56米，墓底距地表深2.9米，南北总长10.2米，东西宽1.62米。由墓道、墓门、墓室等组成。

墓道：位于墓门的南部，平面呈长方形，斜坡状，上口南北长5.1米，东西宽1.68米，由口到底逐渐下收。底长5.2米，东西宽1.5—1.64米，深0.5—2.1米。

墓门：位于墓道北部，外部有一道封门墙，以石片垒砌，长2.5米，宽0.45米，高2.3米。墓门呈长方形，有石门两扇，高2.04米，每扇东西宽0.8米，厚0.09米，质地为青灰石，素面，上门轴长0.18米，直径0.13米，下门轴长0.06米，直径0.1米。门楣，东西长2.4米，南北宽0.52米，厚0.18米，门墩石，东西0.24米，南北0.22米，高0.13米，下门轴窝深0.03米，上门轴窝深0.18米。石门尚可转动。

墓室：位于墓门北部，平面呈长方形，南北长3.8米，东西宽1.7米，高2.06米，四壁用石板筑垒，以白灰黏合，自上至下共三层，以东壁为例：由上至下，第一块，南北长3.8米，高0.66米，厚0.12米；第二块，南北长3.8米，高0.7米，厚0.12米；第三块，南北长3.8米，高0.8米。墓底用11块石条东西铺设，均东西长1.7米，厚0.1米。宽0.22—0.4米。墓顶以青色石条封盖，条石上方铺砌一层石片。发掘清理是由墓门进入墓室，因此墓顶未做发掘。

棺床：位于墓室中部，呈长方形，以条石平铺砌成。南北长3.24米，东西宽1.22米，高0.2米，共2层，层厚0.1米，东西并列3块条石，由东向西，第一块宽0.46米，第二块宽0.22米，第三块宽0.5米。棺床有一朱漆棺木，略有移位而向西南偏出。南北长2.4米，东西宽0.58—0.7米，棺木残厚0.03—0.12米。骨架呈粉末状，头向北，面向、葬式、性别均不详（图六五；彩版一二，2；彩版一三，1）。

玉带　1条。BM27：1。出土时散落在石棺床上，已失去原连缀顺序。现有19块玉带板。光素无纹，白玉微泛黄，局部现白色土沁，背面在四角处钻有穿鼻，多残留锈蚀的用于连缀的铜丝。三台1块（背面残留有铜带钩锈痕），辅弼4块，圆桃6块，鱼尾2块（约长5.1、宽3.5厘米），排方6块（图六六；彩版四八，1）。

金簪　2件。BM27：2，顶端镶嵌有红色宝石。长8.8厘米，重11.6克（图六七，8；彩版四八，2；彩版四九，1）。BM27：3，顶端镶嵌有红色宝石。长8.8厘米，重11.3克（图六七，9；彩版四八，2；彩版四九，1）。

金耳勺　1件。BM27：4，长6.5厘米，重5.7克（图六七，7；彩版四八，2；彩版四九，1）。

银元宝　2件。BM27：5，呈两头翘起的船形，边缘渐薄，表面氧化发乌黑色，局部现气孔。长3、厚0.2厘米，重46.8克（图六七，2；彩版四九，2、3）。BM27：6，呈两头翘起的船形，边缘渐薄，表面氧化发乌黑色，局部现气孔。长3.1、厚0.2厘米，重62.4克（图六七，3；彩版四九，2、3）。

银饰片　27片。散落在棺木北部。形制多样，面积1—4平方厘米，大多有小孔，可分为菱形、近似圆形、近似五边形3种。BM27：7，菱形薄片，中间有方孔。外边长2.1、内孔边长0.6厘米（图六七，4；彩版四九，4）。BM27：8，近似五边形薄片。边长1厘米（图六七，5；彩版五〇，1）。BM27：9，五瓣梅花形薄片。直径1.6厘米

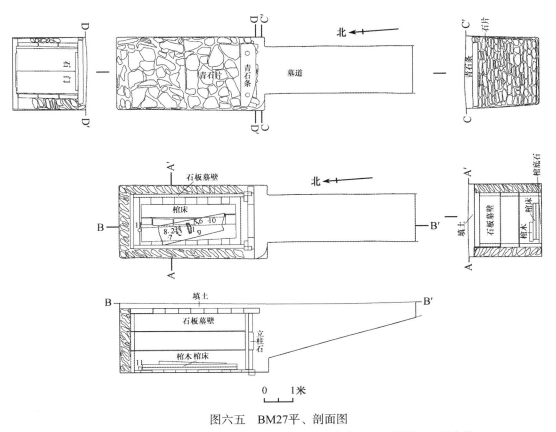

图六五 BM27平、剖面图

1.玉带 2、3.金簪 4.金耳勺 5、6.银元宝 7—9.银饰片 10.铜钱 11.釉陶罐

（图六七，6；彩版五〇，2）。

铜钱 120枚，大多已锈残。BM27：10-1，范铸，钱正面楷书，上下右左对读"嘉靖通宝"，背素面。钱径2.54、穿径0.7、郭宽0.24、郭厚0.27厘米，钱重3.6克（图六八，1）。BM27：10-2，范铸，钱正面楷书，上下右左对读"嘉靖通宝"，背素面。钱径2.51、穿径0.72、郭宽0.25、郭厚0.28厘米，钱重3.7克（图六八，2）。BM27：10-3，范铸，钱正面楷书，上下右左对读"嘉靖通宝"，**背素面**。钱径2.57、穿径0.72、郭宽0.24、郭厚0.31厘米，钱重4.1克（图六八，3）。BM27：10-4，范铸，钱正面楷书，上下右左对读"嘉靖通宝"，背素面。钱径2.56、穿径0.68、郭宽0.24、郭厚0.32厘米，钱重4.5克（图六八，4）。

釉陶罐 1件。BM27：11，大口，短束颈，圆腹，胫部斜收，平底内凹。红褐胎，器表施薄釉。口径11.4、足径6.4、最大腹径12.6、高11.4厘米（图六七，1；彩版五一，1）

图六六　BM27出土玉带（BM27：1）

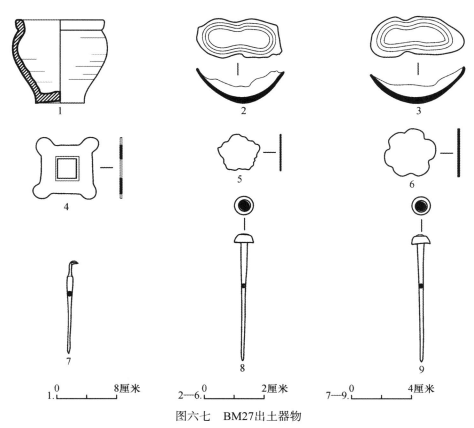

图六七 BM27出土器物

1. 釉陶罐（BM27：11） 2、3. 银元宝（BM27：5、BM27：6） 4—6. 银饰片（BM27：7、BM27：8、
BM27：9） 7. 金耳勺（BM27：4） 8、9. 金簪（BM27：2、BM27：3）

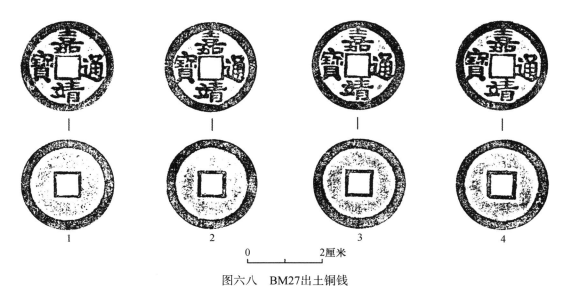

图六八 BM27出土铜钱

1—4. 嘉靖通宝（BM27：10-1、BM27：10-2、BM27：10-3、BM27：10-4）

四、搬 迁 墓

发现3座。均不见人骨（图六九）。

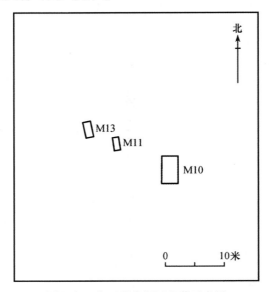

图六九　北区明代搬迁墓葬示意图

1. BM10

位于发掘区东北部，南邻BM4。墓向10°。该墓开口于第2层，平面呈长方形，竖穴土圹墓，墓口距地表深0.7米，墓底距地表深4.5米，墓圹南北长4.48米，东西宽2.4米，墓底南北长4.36米，东西宽2米。斜直壁，内填花土，土质松软，在距墓口深3.2米处存有东西向棚板，局部已朽，南北排列，现存10块，宽窄不一，东西残长1.44—2.2米，宽0.08—0.26米，厚0.1米。墓底部有东西向铺垫木板，南北排列，已朽，现存10块，东西残长1.06—1.96米，宽0.06—0.24米，厚0.1米。在垫木板西南部残存棺木底板，残存四块，南北残长1.6—2.2米，东西宽0.68—0.78米，厚0.1米。在墓圹北壁中部有开口，东西宽0.62米，深2.8米，底部东西宽0.72米。该墓为搬迁墓。填土出土残陶片，无其他随葬品（图七〇；彩版一三，2）。

2. BM11

位于发掘区东北部，墓向345°。开口于第2层下，平面呈长方形，竖穴土圹墓，墓口距地表深0.74米，墓底距地表深2.84米，墓圹南北长3.1米，东西宽1.2—1.4米。内填花土，土质松软，墓底内置单棺，棺木已朽。棺长2米，宽0.46—0.52米，残高0.18米（图七一；彩版一四，1）。

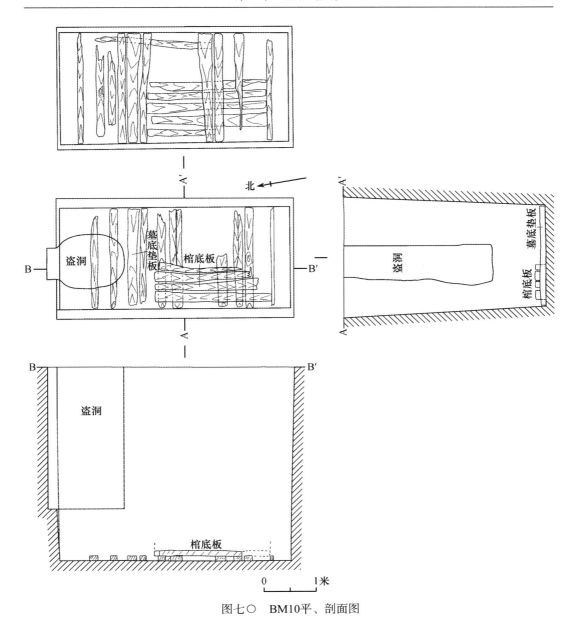

图七〇　BM10平、剖面图

3. BM13

位于发掘区中北部。墓向340°。该墓开口于第2层下，平面呈长方形，竖穴土圹墓，墓口距地表深0.7米，墓底距地表深2.06米，墓圹南北长2.3米，东西宽1.2米。内填花土，土质松软，墓底内置单棺，棺木已朽。棺长1.82米，宽0.5—0.6米，残高0.1米（图七二；彩版一四，2）。

双系陶罐　1件。BM13：1，直口，短束颈，溜肩，颈肩处置双系，圆筒形腹，矮圈足。红褐陶。口径14.8、足径10、高22.4厘米（图七三；彩版五一，2）。

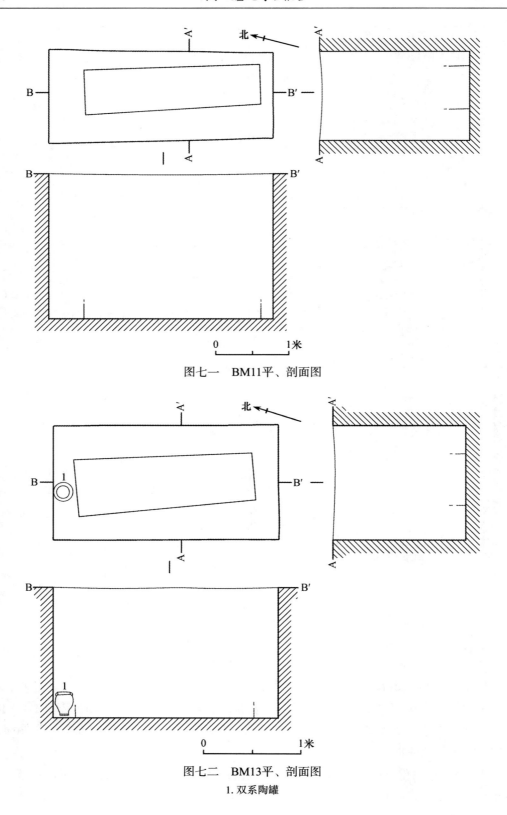

图七一　BM11平、剖面图

图七二　BM13平、剖面图

1. 双系陶罐

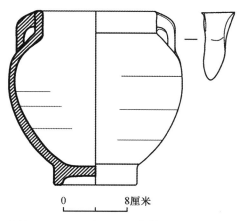

图七三 BM13出土双系陶罐（BM13：1）

第三节 清代墓葬

北区共发现清代墓葬3座，集中分布于墓地中部，均为竖穴土圹单棺墓，墓主均为男性（图七四）。

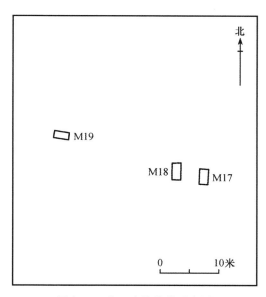

图七四 北区清代墓葬示意图

1. BM17

位于发掘区中东部，墓向5°。开口于第1层下，平面呈长方形，竖穴土圹墓，南北向，墓口距地表深0.3米，墓底距地表深1.18米，墓圹南北长2.3米，东西宽1.2米。内填花土，土质松软，墓底内置单棺，棺木已朽。棺长1.5米，宽0.3—0.42米，残高0.18

米，棺内骨架保存较差，头向北，面向南，仰身直肢，为男性。墓室中部被一个现代沟打破（图七五；彩版一五，1）。

紫砂壶　BM17：1，出土于墓主头部。壶身扁鼓，环曲柄，对应一侧置短直流，流嘴略残，蘑菇形盖，宝珠纽，纽上有通气小孔，盖与壶身贴合紧密、转动自如，盖内侧有小磕碰痕。壶底刻"江上清风、山中明月"，落款"孟臣"。通高9.2、腹径13.4、底径10.4厘米（图七六，1；彩版五一，3—6）。造型小巧，盈盈一握。

鼻烟壶　2件。BM17：2，青花瓷质地，造型小巧精细。直口，长颈，长筒状壶身，圈足，壶身绘青花人物纹，一扶杖老者立于松下，仙鹤舞于前，上、下衬以草石、云气，底心书"雍正年制"四字楷书青花款，出土时有骨质盖和长柄。口径1.3、壶身高7.8、腹径3、底径2.5厘米，柄残长6厘米，盖直径1.1厘米（图七七，1；彩版五二，1、2）。BM17：3，质地似为琉璃类人工料器，造型小巧。平口，束颈，壶身扁平，圈足和口沿鎏金，壶身纹饰繁缛，正、反面分别透雕龙、凤纹，有二层花的效果，壶身涂有蓝色颜料，缨帽形盖，出土时附有木质长柄。口径1.8、壶通高8.1、腹径3.8、底径1.7厘米，柄残长5.7厘米，盖直径1.8厘米（图七七，2；彩版五二，3—5）。

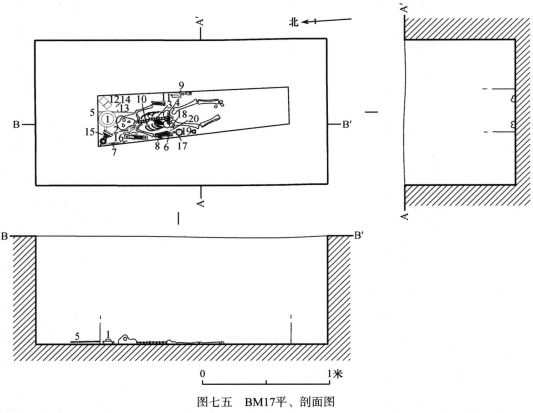

图七五　BM17平、剖面图

1.紫砂壶　2、3.鼻烟壶　4.玉带钩　5.筷子　6.玉珩　7.铁叉　8.佛牌　9.痒痒挠　10.铜扣　11.银勺
12.印章　13、14.料珠　15.铜鎏金座钟　16.镂空铜盒　17.怀表　18.玉串珠　19.嘎乌盒　20.十字杵

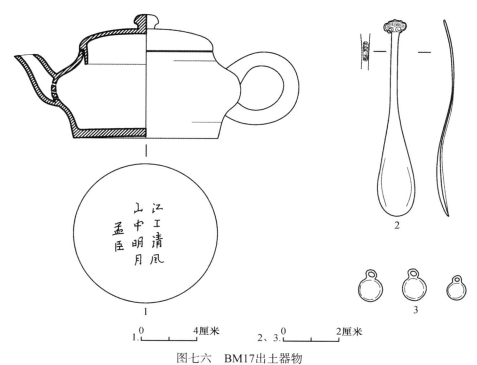

图七六　BM17出土器物

1. 紫砂壶（BM17：1）　2. 银勺（BM17：11）　3. 铜扣（BM17：10）

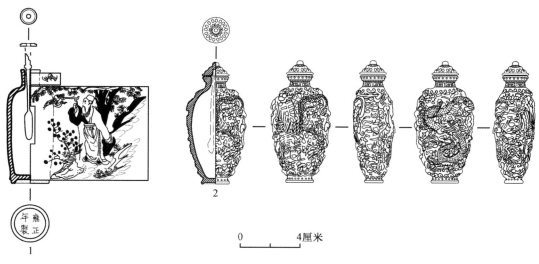

图七七　BM17出土鼻烟壶

1. BM17：2　2. BM17：3

玉带钩　BM17：4，白玉质，钩首为龙回头造型，钩身背面有圆纽，正面为一四足行龙，两条龙相互对视，雕刻精细。长10.8厘米（图七八，1；彩版五三，1）。

筷子　BM17：5，一双。出土于木棺北端。骨质，一端粗，一端细，打磨光滑。长28厘米（图七九，1；彩版五三，3）。

玉珩　BM17：6，位于骨架西侧，白玉质地，石皮透雕而成，整体为玉珩造型，一侧为龙头，猪鼻阔口，颔下有须，一侧为鱼尾，寓意鱼龙变化，巧用石皮的弧度表现鱼龙翻腾，珩的顶部及两端共有5个孔窍可资连缀。局部有白色土沁。宽4.2、高8.6、厚1.1厘米（图七八，2；彩版五三，4；彩版五四，1）。

铁叉　1件。BM17：7。铁质，分作四股，锈蚀严重，有骨质柄。通长17.4、柄直径1.2厘米（图七九，3）。

佛牌　BM17：8，长方形，玻璃材质，顶端有穿孔，内有一金箔压成的罗汉像。高5.2、宽3.6、厚0.7厘米（图七八，3；彩版五四，2）。

痒痒挠　BM17：9，玉石质，头部作弯曲的五指形，柄和头部用木榫联装。玉石柄顶端刻八瓣瓜棱，近顶处对穿一小孔。近木榫处在两道凸弦纹内满饰乳钉纹，中空。头部玉石呈褐色，腕处中空。首部长5.3、柄长10.2、直径1.4厘米（图七九，2；彩

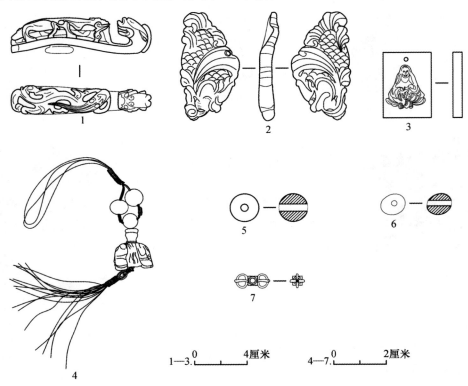

图七八　BM17出土器物

1. 玉带钩（BM17：4）　2. 玉珩（BM17：6）　3. 佛牌（BM17：8）　4. 玉串珠（BM17：18）
5、6. 料珠（BM17：13、BM17：14）　7. 十字杵（BM17：20）

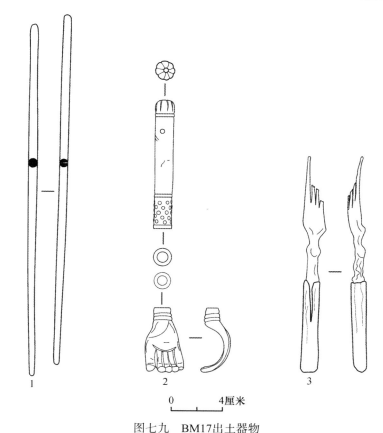

图七九　BM17出土器物
1. 筷子（BM17：5）　2. 痒痒挠（BM17：9）　3. 铁叉（BM17：7）

版五四，3、4）。

　　铜扣　1组。BM17：10，铜质。球形带小环，分大小两种。大者直径0.8厘米，小者直径0.6厘米（图七六，3；彩版五五，1）。

　　银勺　1件。BM17：11，柄端为如意云形状，且正面有錾刻纹，鎏金，背面戳印"永聚"二字阳文铭文。长7.3厘米，重12.6克（图七六，2；彩版五五，2）。

　　印章　1套。BM17：12，共三重盒嵌套组成，内置一长方形印。三重石盒均为青灰色，质地软，不甚细腻，略有滑石感。表面均刻有印文（图八〇、图八一；彩版五五，3—5；彩版五六）。

　　第一重，青灰色，由下部方形盒与上部长方形盖组成，盖下部扁方，上部为圆柱形榫头，已残。下部方形盒外框边长5.4厘米，内框边长3.5、深2.9厘米，厚0.9厘米。盖边长5.4厘米，榫头高0.8、直径5.厘米，第一重盒通高9.2厘米。方盒底部印文为"三省堂内亏顽夫"，四个侧面印文分别为"鸣周一字岐习""山公凤印""公凤""鸣周"，盖四个侧面印文分别为"百人堂必大竹士""挹持赠""事有斋""□□□□"，圆柱形榫头印文为"□□□□□□"，在盖顶部四角刻有"李氏

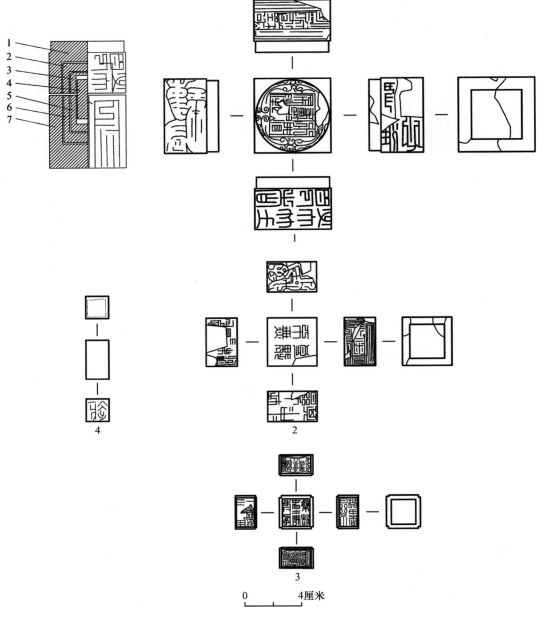

图八〇　BM17出土印章（1—4）（BM17：12）

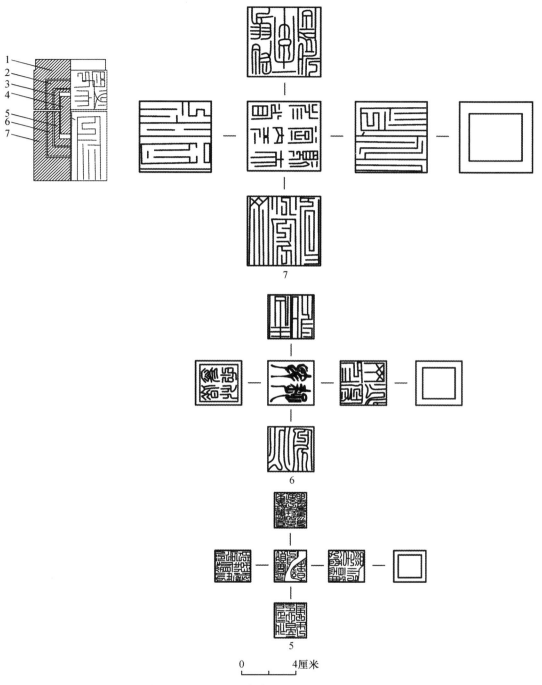

图八一　BM17出土印章（5—7）（BM17：12）

海篆"四字楷书。

第二重，石质与第一重盒相同，亦由下部方盒与上部扁方盖组成，下部方盒外框边长3.3厘米，内框边长2.5、深2.6厘米，厚0.4—0.7厘米。盖边长3.5厘米，高2.1厘米，厚0.4—0.7厘米，已残。第二重盒通高5.7厘米。方盒底部印文为"借此宁心"，四个侧面印文分别为"山公凤印""疏翁""公凤""鸣周"，盖四个侧面印文分别为"不无□遇""乐杜赏中""□□□□""□□□□"，顶部印文为"□□□□"。

第三重，石质与第一、二重盒相同，略细腻，由下部长方盒与上部扁方盖组成，下部长方盒外框边长2.3厘米，内框边长1.6、深2厘米，厚0.3—0.5厘米，略残。盖边长2.2厘米，高1.5厘米，厚0.2—0.3厘米。第三重盒通高4.3厘米。长方盒底部印文为"□□当头"，四个侧面印文分别为"年勇意多所辱""怀古醉俗伤""为将道讳香危殆""长寿和老后凤凰集"，盖四个侧面印文分别为"看炎凉""日乐琴书""以丞庶亘光宣""三一年"，顶部印文为"虎屈春冰安乐法"。

第三重盒内放一枚长方印，枣红色，质地硬，印文为"越"。边长1.62、高2.86厘米。顶端刻有不规则方形边框，刻痕较浅，似未完工。

料珠　2件。BM17：13，灰白色珠子，硬，钻有对穿的小孔。珠子直径、孔径1厘米（图七八，5；彩版五七，1）。BM17：14，灰白色珠子，非正圆，坚硬，钻有对穿的小孔。珠子直径、孔径0.9厘米（图八二，6；彩版五七，1）。

铜鎏金座钟　1件。BM17：15。圆形表盘，下为塔式钟座，钟座束腰部分装饰铜鎏金花卉纹。通高13.5厘米，表盘直径5.2厘米（图八二，1；彩版五七，2—4；彩版五八，1、2）。

镂空铜盒　1件。BM17：16。铜质。长方形，四壁有窗棂状镂空纹饰，顶、底部亦为镂空金钱眼纹，残损较甚。长18.5、宽3、厚2.9厘米（图八三；彩版五八，3、4）。

怀表　1件。BM17：17，扁圆形，顶端有一圆环，金壳，白色表盘，标有黑色罗马数字和刻度，表针已残断。表盘外罩玻璃壳。圆环及柱头有戳记。表壳的成分经检测为金、银、铜合金，金占73.65%，银占5.487%，铜占19.98%。直径5.7厘米（图八二，3；彩版五九，1—3）。

玉串珠　1组。BM17：18，5颗，分3颗圆形，一颗三通，一颗主要饰件，如大象形状，形象生动，玉质，圆珠直径0.7厘米，三通长0.5厘米，小象长1.3、宽0.9厘米（图七八，4；彩版五九，4）。

嘎乌盒　1件。BM17：19，银质，呈小型佛龛状，两侧壁置两个对称的方孔以穿带，正面中部嵌一小块玻璃，其外饰卷草纹，底长2.9、高3.7，侧面厚1.4厘米。盒内置一泥金佛像，高2.7厘米，空隙处填塞有一细绳（图八二，2；彩版五九，5）。

十字杵　1件。BM17：20，铜质，已锈残，中间有四通孔，两端为十字杵状，通长1.3厘米（图七八，7；彩版五三，2）。

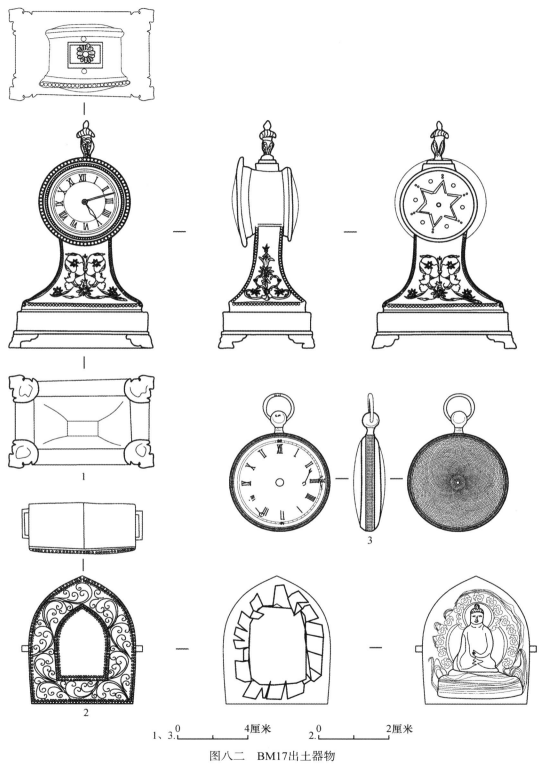

图八二 BM17出土器物

1. 铜鎏金座钟（BM17：15）　 2. 嘎乌盒（BM17：19）　 3. 怀表（BM17：17）

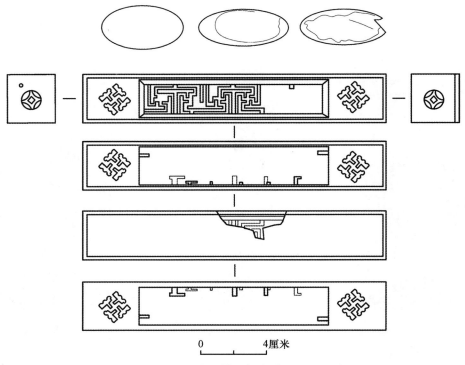

图八三　BM17出土镂空铜盒（BM17：16）

2. BM18

位于发掘区中部，墓向5°。开口于第1层，平面呈长方形，竖穴土圹墓，南北向，墓口距地表深0.28米，墓底距地表深0.94米，墓圹南北长2.4米，东西宽1.24—1.3米，内填花土，土质松软，墓底内置单棺，棺木已朽，棺长1.68米，宽0.52—0.54米，残高0.26米，棺内骨架保存较差，头向北，面向南，葬式、性别均不详（图八四；彩版一五，2）。

青花瓷盆　1件，BM18：1。胎土白净，釉色白中略泛青，整体呈长方形，四角略作倭角，盆内侧为方形实体胎，外侧附贴一层镂空层。沿面略有下塌感，底部四角以瓷泥贴塑乳钉状足，露胎部位呈灰白色，盆沿面和四角装饰青花菱格花卉和梅花，外部镂空层四角为青花点状组成的条带装饰，青花发色清丽淡雅。长25.9、宽18.1、高6.6、盆沿宽2.4厘米（图八五；彩版六○，1—3）。

青铜镇纸　1件。BM18：2。整体造型为牧童骑牛，牛三只蹄踏在一块岩石上，器底平滑。牧童、水牛、岩石分铸后再组合，牛身中空，童子实为盖纽，嘴巴与腹腔连通。此器似可多用，案头摆件、镇纸、香炉均可。通高21.6、宽18.2厘米（图八六，2；彩版六一，1—3）。

铜水烟袋　1件。BM18：3。残损严重，仅剩细长而弯曲的吸管，以及后端的水

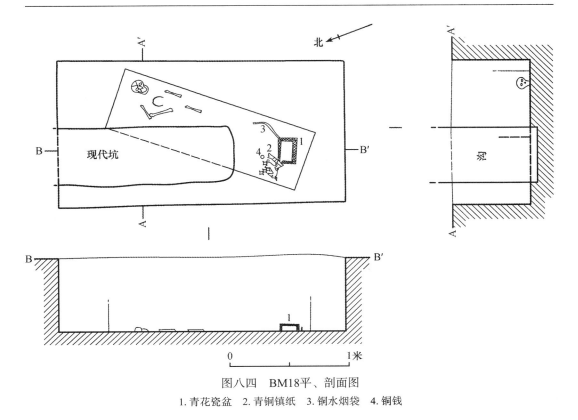

图八四　BM18平、剖面图
1.青花瓷盆　2.青铜镇纸　3.铜水烟袋　4.铜钱

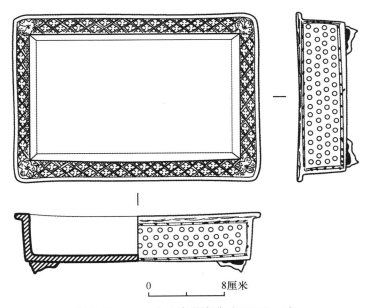

图八五　BM18出土青花瓷盆（BM18：1）

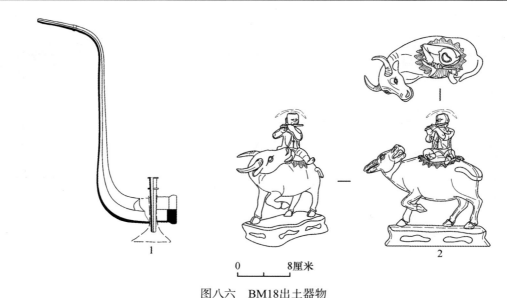

图八六　BM18出土器物

1. 铜水烟袋（BM18：3）　　2. 青铜镇纸（BM18：2）

图八七　BM12出土
乾隆通宝（BM12：4）

斗，中部的烟仓保存稍好。通高33.7厘米（图八六，1；彩版六二，1）。

铜钱　1枚。BM12：4，范铸，钱正面楷书，上下右左对读"乾隆通宝"，背面满文"宝泉"字钱局。钱径2.35、穿径0.65、郭宽0.28、郭厚0.22厘米，钱重3.9克（图八七）。

3. BM19

位于发掘区中部，墓向320°。打破BM20和BM21。开口于第1层，平面呈长方形，竖穴土圹墓，墓口距地表深0.22米，墓底距地表深0.96米，墓圹长2.46米，宽0.96—1.1米。内填花土，土质松软，墓底内置单棺，棺木已朽。棺长1.84米，宽0.58—0.32米，残高0.14米。棺内骨架保存较差，头向西北，面向南，仰身直肢，为男性。头骨下枕一块青砖（图八八；彩版一五，3）。

铜钱　4枚，大多锈残。BM19：1-1，范铸，钱正面楷书，上下右左对读"乾隆通宝"，背面满文"宝泉"字钱局。钱径2.32、穿径0.58、郭宽0.31、郭厚0.21厘米，钱重2.8克（图八九，1）。BM19：1-2，范铸，钱正面楷书上下右左对读"乾隆通宝"，背面满文"宝泉"字钱局。钱径2.31、穿径0.59、郭宽0.29、郭厚0.31厘米，钱重4.4克（图八九，2）。

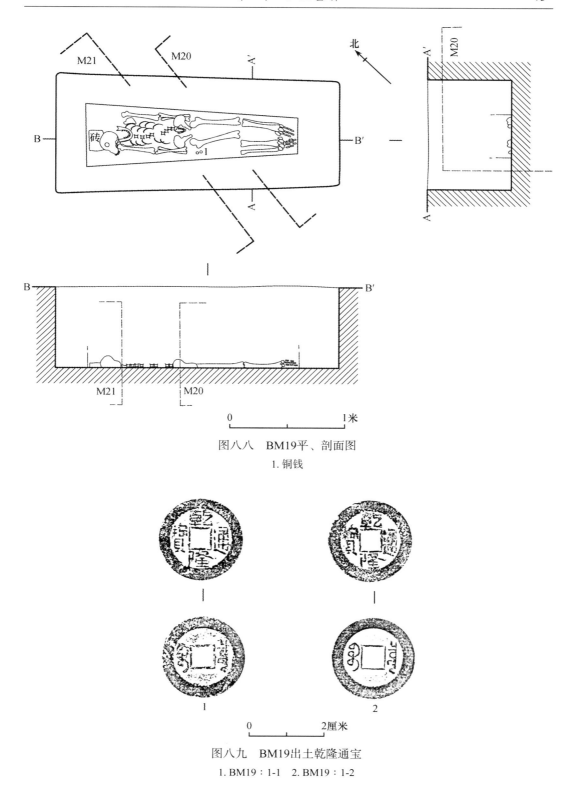

图八八　BM19平、剖面图

1. 铜钱

图八九　BM19出土乾隆通宝

1. BM19：1-1　　2. BM19：1-2

第三章　南区墓葬

第一节　汉代墓葬

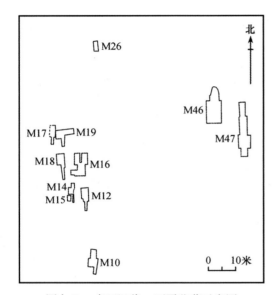

图九〇　南区汉代、西晋墓葬示意图

南区范围内共发现9座汉代墓葬，除NM26位于北部外，其余NM10、NM12、NM14—NM19等8座墓葬均位于发掘区中部，集中分布在一个南北长101米，东西宽89米的长方形区域内（南区汉代墓葬分布）。

9座汉墓除NM26是竖穴土圹单棺墓外，其余8座墓葬形制皆为砖室墓，带墓道的多室墓占一定比例。普遍遭严重损毁，葬具和墓主情况大多不明。发现的墓砖规格较为一致，多为长0.29—0.3米，宽0.14—0.15米，厚0.04—0.05米（图九〇）。

1. NM10

位于发掘区的中部，北面为NM9。开口于第3层下，打破生土层，墓向5°。墓口距地表1.2米，墓底深1.4米，为砖室墓。该墓遭严重毁坏，砖块大部无存，仅在墓底局部残存数块。根据土圹尚可推知该墓由墓道、前室、后室三部分构成，通长9.9米。

墓道：位于前室南部，北端开口于前室南壁东侧。墓道平面呈长方形，残长2.8米，宽0.95—1.15米。东西两壁直立，底面呈斜坡状，与墓门底部平齐，墓道坡度约25°。内填花土，土质较硬。

前室：位于墓道北部，平面形状呈长方形，仅在东壁残存数块墓砖，墓圹南北长3.4米，东西宽3.6米，残高1.36米。顶部已破坏无存，墓壁情况不明。

后室：位于前室中部，平面形状呈长方形，墓圹南北长3.7米，东西宽2米。平底，底部高出前室底部0.11米，西南部残存生土台，推测其或为甬道底部结构。顶部已破坏无存，顶部及四壁情况不明。

　　墓室内填花土，质地较硬，墓底仅残存少许板灰痕迹，可知有木质葬具，尺寸不明。未发现人骨及随葬品（图九一、图九二；彩版一六，1）。

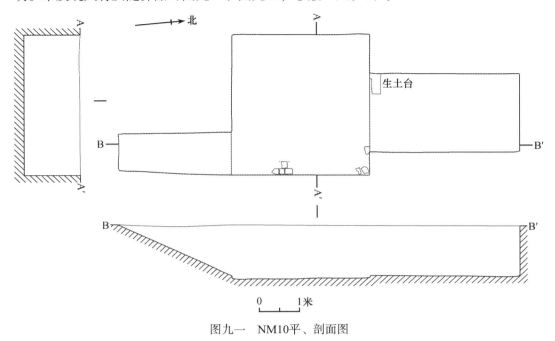

图九一　NM10平、剖面图

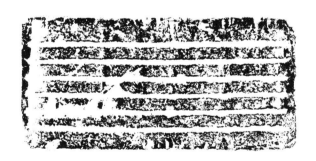

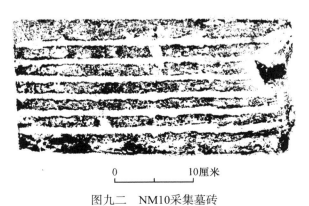

图九二　NM10采集墓砖

2. NM12

位于发掘区的中部，西邻NM13。开口于第3层下，打破生土层，墓向5°，竖穴砖室墓，墓口距地表0.6米，墓深1.16米，通长9.1米。由墓道、甬道、墓室组成。该墓遭严重破坏，上部结构无存，墓室仅存部分铺底砖及砖壁。

墓道：位于甬道南部，处于墓室中部，平面呈南窄北宽的梯形，东西两壁竖直，长3.55米，宽0.7—0.85米，深1米。墓道南部呈斜坡状，坡长2.4米，坡度20°，宽约1.1米。墓道填土为花土，土质较硬，含有较多的红色黏土块及少量的残砖。

甬道：位于墓室南部，平面呈长方形，顶部已完全无存，东、西两壁稍向内倾，近顶部内收明显，推测应为弧形顶，甬道外壁与墓圹之间有宽0.1—0.2米的缝隙，内填花土。甬道长1.35米，宽0.8米，两壁用"二平一竖"砌筑法，底部用砖平铺一层，南部用内、外两道封门墙封堵，封门墙顶部被破坏，外侧封门墙用单砖错缝竖砌，内侧封门墙用整块砖错缝横砌。

墓室：位于甬道北部，平面形状为长方形，砖结构大部已被破坏，仅近底部位残留少许，残存高度为0.5—0.9米，墓室南北长2.7米，宽1.3米。四壁为"二顺一丁"砌成，墓底砖为两顺两横单层平铺。未发现人骨、葬具。墓室内填花土，土质松软。墓砖规格为长0.29—0.3米，宽0.14—0.15米，厚0.04—0.05米。烧制火候较低，呈红褐色，均为素面（图九三、图九五；彩版一六，2）。

在墓室上方填土出土陶器残件、铜钱。

彩绘陶罐　1件。NM12：3，泥质灰陶，撇口，尖圆唇，短束颈，鼓腹，下腹弧收，平底内凹，颈局部残留朱砂彩绘，上腹部饰线纹三周内为几何纹一周。口径13.5、最大腹径22.2、底径13.5、高15.7厘米（彩版六九，4）。

铜钱　3枚。NM12：1-1，范铸，钱正面篆书，顺时针旋读"元丰通宝"，背素面。钱径2.29、穿径0.72、郭宽0.14、郭厚0.22厘米，钱重2.4克（图九四，1）。NM12：1-2，范铸，钱正面篆书，顺时针旋读"元祐通宝"，背素面。钱径2.31、穿径0.74、郭宽0.17、郭厚0.18厘米，钱重1.7克（图九四，2）。NM12：1-3，范铸，钱正面篆书，上下右左对读"皇宋通宝"，背素面。钱径2.33、穿径0.75、郭宽0.22、郭厚0.26厘米，钱重3.1克（图九四，3）。

3. NM14

位于发掘区的中部，南面为NM15，东部被NM13打破。开口于第3层下，打破生土层，墓向183°，砖室墓。墓道及甬道遭现代坑破坏，墓口距地面1.6米，墓深2.2米，南北长10.8米，东西宽3.8米，由墓道、甬道、前室、后室组成。

墓道：位于甬道南部，平面形状略呈长方形，两壁竖直，长3.1米，宽0.9米，残深0.1—1.3米。底部为斜坡，坡度17°。墓道填土为灰褐色花土，包含残砖块。

甬道：位于前室南部，其东部被NM13打破，平面形状呈长方形，西壁竖直，长

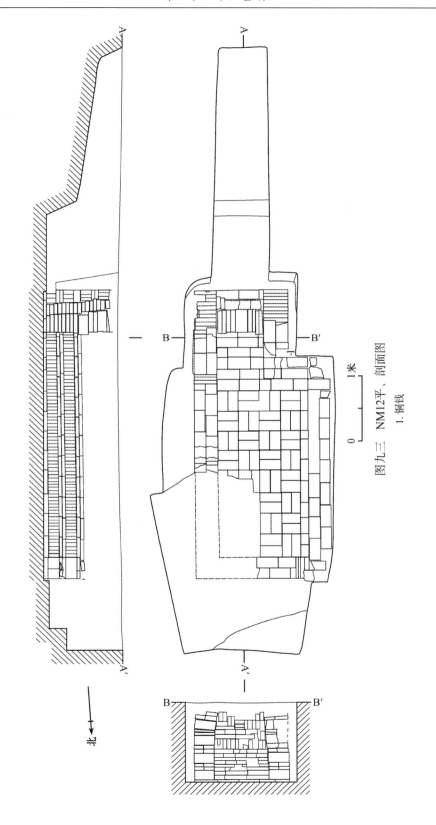

图九三 NM12平、剖面图

1. 铜钱

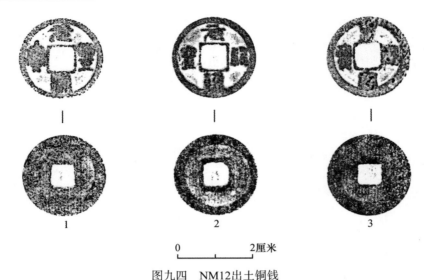

0　　　　　　2厘米

图九四　NM12出土铜钱

1. 元丰通宝（NM12：1-1）　2. 元祐通宝（NM12：1-2）　3. 皇宋通宝（NM12：1-3）

0　2厘米

图九五　NM12出土墓砖（NM12：3）

1.5米，残存宽1.2米，深1.4米，底部用灰砖错缝单层平铺，两侧用灰砖错缝纵铺，填土呈灰褐色，包含有砖块。

前室：位于甬道北部，东部被NM13打破，平面形状为长方形，南壁受挤压而微向内倾，南北长2.6米，东西残宽1.6米，残高0.4—1.2米。墓室顶部已遭破坏，四壁为"二顺一丁"砌法，墓底砖为错缝单层平铺。

后室：位于前室北壁偏东部，东南角被NM13打破，高出前室0.5米，平面呈长方形，南北长2.1米，东西宽1.2米，残高0.6米，顶部已残毁，仅局部残存铺底砖。四壁为"二顺一丁"砌法，铺地砖为错缝平铺。

前、后室均未发现葬具及人骨痕迹。墓室所用砖多为青灰色，火候较高，另有少量红砖，规格近似，长0.3—0.32米，宽0.14—0.16米，厚0.04—0.05米（图九六；彩版一六，3）。

出土随葬品有瓦当、铜镜和铜钱。

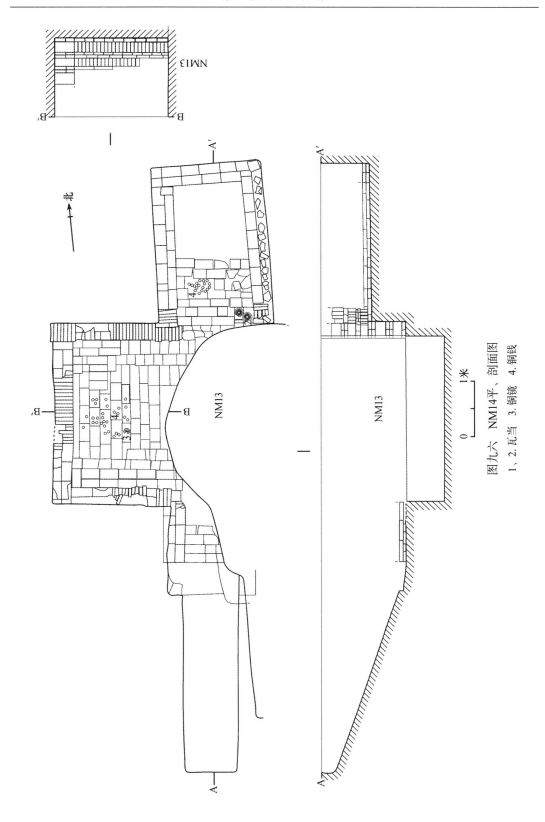

图九六　NM14平、剖面图
1、2. 瓦当　3. 铜镜　4. 铜钱

瓦当　2件。均为灰陶质，模印几何花瓣纹。NM14：1，灰陶质，浅灰色。边轮突出于当面，中心饰一大乳钉纹，当面满饰模印几何花瓣纹。直径15.5、厚2.4厘米（图九七，1；彩版六二，2）。NM14：2，陶质，灰黑色，火候高，略有变形，边轮突出于当面，中心饰一大乳钉纹，当面满饰模印几何花瓣纹。直径16.2、厚2.5厘米（图九七，2；彩版六二，2）。

铜镜　1件。NM14：3，残损较甚，圆纽带穿。直径10.4、纽径1.4、厚0.7厘米（图九七，3；彩版六三，3）。

铜钱　140枚，多数锈蚀残损，有2枚尚完整。NM14：4-1，圆形，方穿，正面铸"五铢"二字，篆书，阳文，右左横读，背面光素无纹。钱径2.51、穿宽1.05、郭厚0.1、钱厚0.12厘米，重3.1克（图九八，1）。NM14：4-2，圆形，方穿，正面铸"五铢"二字，篆书，阳文，右左横读，背面光素无纹。钱径2.51、穿宽1.05、郭厚0.09、钱厚0.1厘米，重2.4克（图九八，2）。

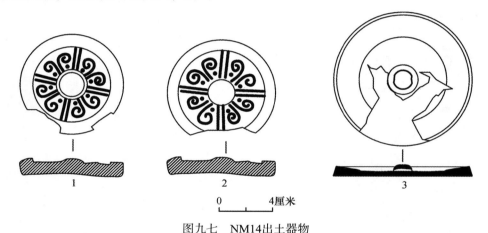

图九七　NM14出土器物

1、2.瓦当（NM14：1、NM14：2）　3.残铜镜（NM14：3）

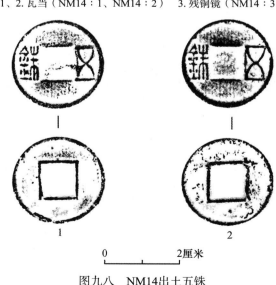

图九八　NM14出土五铢

1.NM14：4-1　2.NM14：4-2

4. NM15

位于发掘区的中部，北邻NM14，被NM50、NM14和现代坑打破。开口于第2层下，打破生土层，墓向10°。为竖穴砖室墓。中部被现代坑破坏，南北两端分别被NM50、NM14打破。墓室南北残长约2.9米，宽1.22米，残高0.1米，墓口距地面1米。该墓被严重破坏扰乱，仅东壁近底部有砖残留，墓壁砌法不明，墓底部局部残存砖块。填土杂乱，土色灰褐，包含大量的残碎砖块、白灰等（图九九；彩版一六，4）。

未发现葬具、人骨痕迹和随葬品。

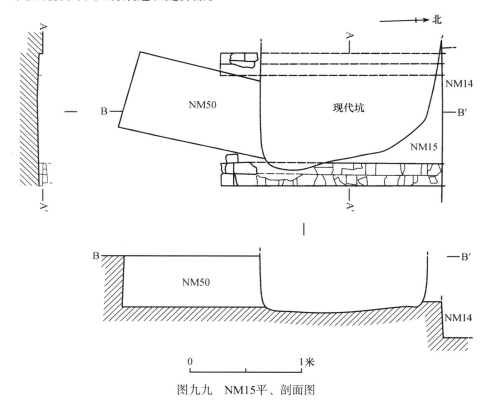

图九九　NM15平、剖面图

5. NM16

位于发掘区的中部，西面邻近NM18。开口于第3层下，打破生土层，方向为345°，为砖室墓。墓口距地表1.2米，墓底距地表2.1米。通长7.05—7.3米，由墓道、甬道、前室、东后室、西后室五部分组成。该墓已严重毁坏，仅残存少量铺底砖及壁砖。

墓道：位于甬道西侧，东西向，平面呈梯形，两壁竖直，底部为斜坡，坡度20°，长1.3米，宽0.75—1.1米，深0.1—0.7米。

甬道：位于墓道东侧，平面形状东宽西窄呈梯形，长2.2米，宽1.5—1.6米，深

0.7—0.85米。坡度约为5°，底部与前室底部齐平，填土包含碎砖块。

前室：位于东西后室南部，西南接甬道，平面略呈长方形，南北长3.6米，东西宽3.8米，东、西两壁残高0.9米。因损毁严重，仅残存少量砌砖，填土为红褐色花土，土质较硬。

东、西后室：位于前室北部，东西并列，中间有0.4米宽的土墙相隔，墓壁竖直。东西室平面均呈长方形，长均为3.6米，东后室宽2.25米，残高1米，西后室宽2.1米，残高1米。墓壁砌法为"两顺一丁"，墓室底砖为双砖并列纵横单层平铺。

墓室填土为灰褐色花土，土质较硬，包含碎砖块（图一〇〇、图一〇一；彩版

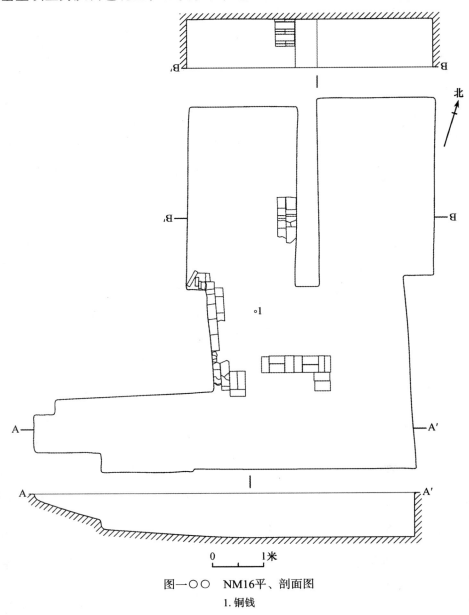

图一〇〇　NM16平、剖面图

1. 铜钱

0 ⊢——⊣ 2厘米

图一〇一　NM16采集墓砖

一七，1）。

　　未发现有人骨及葬具，仅在西后室填土中发现"五铢"
铜钱1枚。

　　铜钱　1枚，已残。NM16：1，圆形，已残，方穿，正面
铸"五铢"二字，篆书，阳文，左右横读，背面光素无纹，
钱径2.28、穿径0.93、郭宽0.3、郭厚0.08厘米，钱重0.8克
（图一〇二）。

6. NM17

　　位于发掘区的中部，东邻NM19，西面被NM20打破。开
口于第3层下，打破生土层，墓向为185°，竖穴砖室墓。墓
口距地表约1米，墓底到地表2.1米，该墓遭严重损毁，仅残
存局部铺地砖和东壁。南北长7.7米，东西宽0.8—2米，由墓
道、墓门及墓室三部分组成。

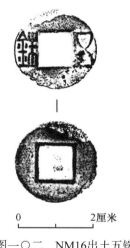

0 ⊢————————⊣ 2厘米

图一〇二　NM16出土五铢
（NM16：1）

　　墓道："刀把"形墓道位于墓门南侧，北段接墓室南壁东侧，墓道东壁距墓室东
壁0.3米。墓道平面呈长方形，长4.4米，宽0.8米，残高0.1—0.9米。两壁竖直，底部为
斜坡，坡度10°，与墓门底部铺砖齐平。

　　墓门：位于墓室东南部，其顶部已被破坏，残高0.6米，宽0.8米，进深0.3米。

　　墓室：位于墓门北部，其西部被NM20打破，平面呈长方形，南北长3米，东西残
宽1.6米，残高1米。墓壁多已被破坏，仅残留底部及东壁部分砌砖，墓壁砌法为"一顺
一丁"，墓底砖为横向错缝单层平铺，墓砖规格为长0.25—0.3米，宽0.12—0.14米，厚
0.04—0.05米。墓砖烧制火候较低。墓室填土为灰褐色，土质较硬，包含大量的红胶泥
块、木灰屑及残砖（图一〇三、图一〇四；彩版一七，2）。

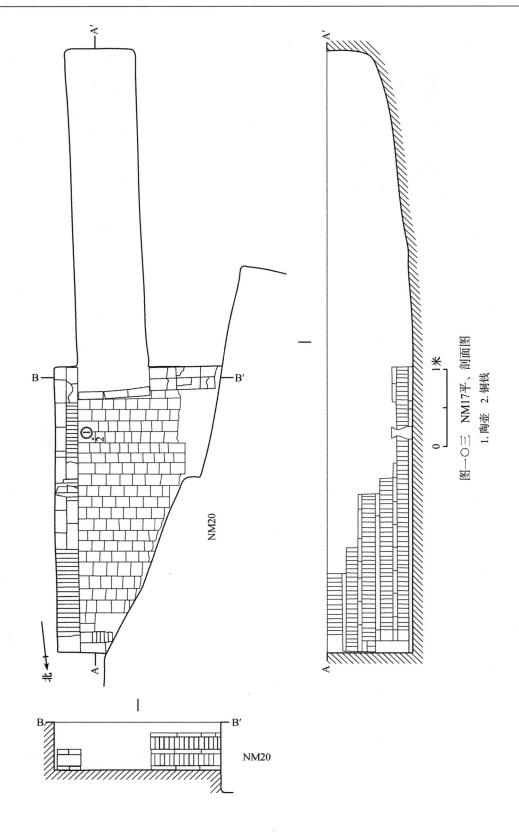

图一〇三　NM17平、剖面图

1. 陶壶　2. 铜钱

未发现有人骨及葬具。

随葬品为陶壶1件、铜钱1枚。

陶壶　1件。NM17：1，泥质灰陶。盘口，细颈，圆腹渐成筒形，平底。腹部有轮制痕迹。口径14.1、底径15.2、高26厘米（图一〇五；彩版六三，2）。

铜钱　1枚。NM17：2，圆形，方穿，正面铸"五铢"二字，篆书，阳文，左右横读，背面光素无纹。钱径2.5、穿径1.04、郭宽0.08、郭厚0.13厘米，钱重2.3克（图一〇六）。

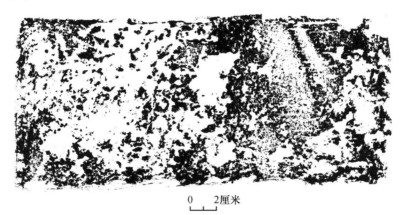

0　　　2厘米

图一〇四　NM17采集墓砖

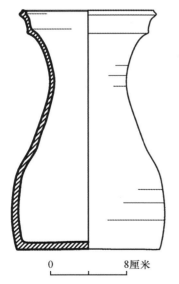

0　　　　　8厘米

图一〇五　NM17出土陶壶（NM17：1）

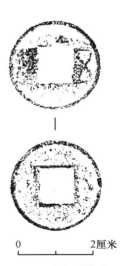

0　　　2厘米

图一〇六　NM17出土五铢（NM17：2）

7. NM18

位于发掘区的中部，东侧邻近NM16的墓道。开口于第3层下，打破生土层，墓向为185°，竖穴砖室墓，墓口距地面1.6米，墓底到地表3.7米。南北长9米，东西宽0.8—2.9米，该墓已遭严重破坏，根据土圹推知该墓由墓道、墓门、甬道及墓室四部分组成。

墓道：位于墓门南部，北段开口于墓室南壁东侧，墓道东壁距墓室东壁0.3米。墓道平面呈梯形，长3.8米，宽0.7—0.8米。东西两壁竖直，底部为斜坡，坡度23°，与墓门底部齐平。

墓门：位于甬道南部，顶部已被破坏，仅残存底部一层铺砖。

甬道：位于墓室南部，南北长1米，东西宽1.1米。

墓室：位于甬道北部，平面呈长方形，东、西两壁中部被挤压而向内凸，墓室长4米，宽约2.8米。墓壁仅局部有残存，墓底为单层横向错缝平铺。墓砖规格为长0.28—0.3米，宽0.14—0.15米，厚约0.05米（图一〇七、图一〇八；彩版一七，3）。

未发现葬具、人骨和随葬品。

8. NM19

位于发掘区的中部，西面邻近NM17。开口于第3层下，打破生土层，墓向为355°，砖室墓。墓口距地表1.4米，墓底到地表2.6米，通长6.45米，宽7.14米。由墓道、甬道、前室、侧室组成。该墓遭严重破坏，未发现墓砖，仅在填土中发现有砖块。

墓道：位于甬道南部，北段开口于甬道中部，平面呈梯形，东、西两壁竖直，长1.8米，宽0.6—0.9米，深0.2—0.9米。底部呈斜坡，坡长1.9米。斜度为20°。北部与甬道连接处有一高1米的台阶。墓道填土为灰褐色花土。

甬道：位于前室南壁东部，东壁与后室西南角齐平，平面形状呈长方形，东西宽1.5米，深1—1.1米，进深1.05米。底部呈缓坡状并与墓室底部齐平，因墓砖尽失，甬道的结构与砌法均不明。

前室：位于甬道北部，侧室西部，平面呈方形，西壁向外略鼓呈弧形，南北长3.55米，东西宽3.4—3.5米，残存深度1.1米。墓室填土为灰褐色，土质较硬，包含碎砖及白灰块。

侧室：位于前室东部，其底部与前室底部齐平，西北角有一道矮生土梁与前室相隔开，生土梁长0.9米，宽0.3米，高0.3米，平面形状呈长方形，墓壁竖直，东西长3.3米，宽2.25米，深1.1米，墓砖无存。墓室填土为灰褐色，包含碎砖块（图一〇九；彩版一八，1）。

未发现有人骨、葬具及随葬品。

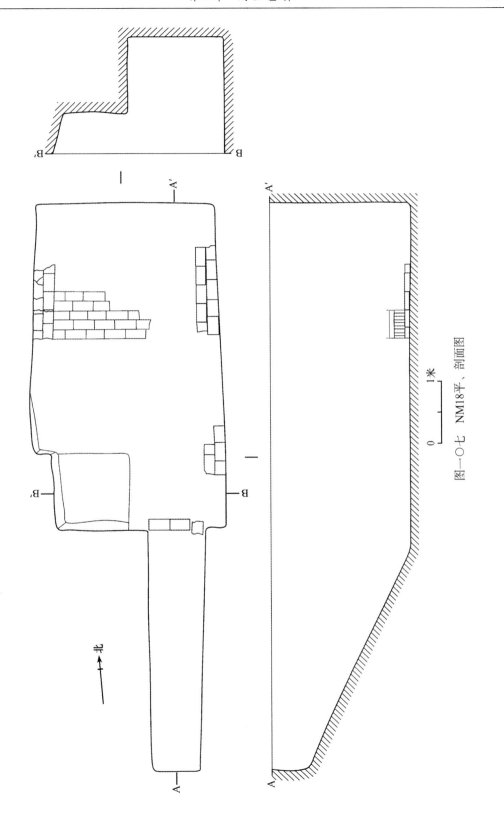

图一〇七　NM18平、剖面图

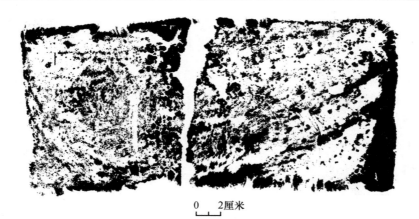

0　　2厘米

图一〇八　NM18采集墓砖

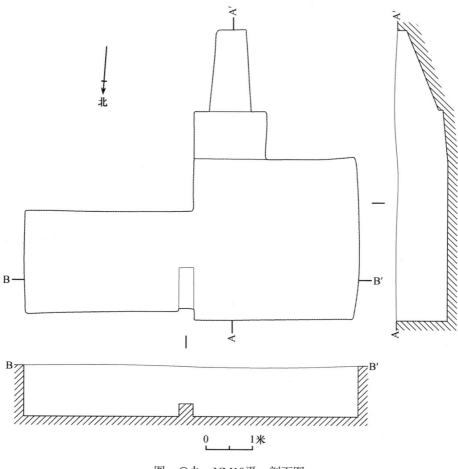

0　　　1米

图一〇九　NM19平、剖面图

9. NM26

位于发掘区的北部，西邻NM25。开口于第3层下，打破生土层，墓向355°。土坑竖穴单棺葬。墓口距地表1.5米，墓底到地表4.3米。墓室平面南宽北窄呈梯形，口大底小。东、西壁中部受挤压内收呈弧形。墓口南北长3.6米，宽1.6—1.7米，墓底长3.1米，宽1米。

墓室底部填土夹杂红胶泥土块及碎石块等，土质坚硬。墓底葬一木棺，已朽，仅残留有板灰痕迹。棺长2米，宽0.6—0.8米。人骨已朽，仅残存肢骨（图一一〇；彩版一八，2）。

随葬品有铜印章、铁削刀、陶罐、残陶鼎足。

铜印章　1件。NM26:1，扁方形。边长1.9、厚0.6厘米。两面均铸有印文，一面为"臣客"，一面为"毕家"，两侧端各有一个楔形孔槽，位置相对（图一一一，1、2；彩版六二，3；彩版六三，1）。

铁削刀　1件。NM26:2。长条状，厚背薄刃，无柄，已残，锈蚀严重。残长

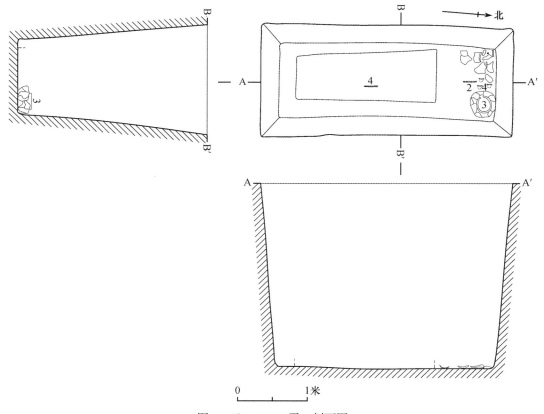

图一一〇　NM26平、剖面图

1.铜印章　2.铁削刀　3.残陶罐　4.残陶鼎足

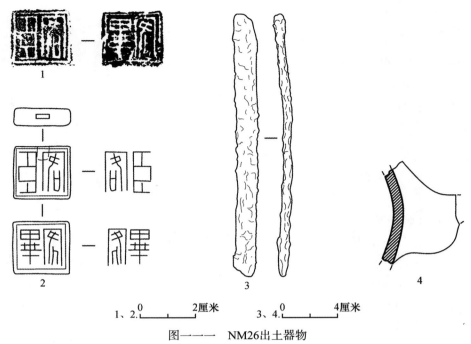

图一一一　NM26出土器物

1、2.铜印章（NM26：1）　3.铁削刀（NM26：2）　4.残陶鼎足（NM26：4）

19.5、宽0.6厘米（图一一一，3；彩版六三，4）。

另出土若干残陶片，可辨器形有陶罐、鼎足。

残陶罐　1件。NM26：3。残剩口沿及肩腹部，底足无存，泥质灰陶，轮制。圆唇，短束颈，圆鼓肩，圆腹下收，最大腹径靠上，肩部有轮制痕迹，腹部近底处施间断细绳纹，残高23.4厘米。

残陶鼎足　1件。NM26：4。残剩足尖，夹砂红陶，近根部处中空，足尖饰细绳纹。残长7.7、残宽5.1厘米（图一一一，4；彩版六三，5）。

第二节　西晋墓葬

共发现2座，编号NM46、NM47。

1. NM46

位于发掘区的东北部，东邻NM47，西邻NM44，被NM45打破。开口于第3层下，打破生土层，墓向5°。墓圹开口不规整，通长16.6米，最宽处7.08米，距地表约1.7米，墓深2.6米。该墓由东、西并列两个墓室构成，东西墓室共用同一墓道和挡土墙。东西墓室结构相同，均由甬道、前室、甬道、后室组成。

墓道：位于墓北部，平面呈梯形，东西壁不规整，东壁略直，西壁口大底小，长5米，宽1.8—5.3米，残存最深处为2.6米；底部凹凸不平，坡长约5米，从墓口至墓底共4级台阶。墓道内填土为红褐色花土，土质较硬，墓道接近墓室处可见灰白色山体基岩。

墓道尽头南部6.02米，有一道东西向挡土墙，自东墓室的前室甬道东北角向西延伸至西墓室的前室甬道西北角，全长5.33米，残高1.87米。该挡土墙在东、西墓室的前室甬道北端形同墓门，由残存的墓门拱顶的肩部结构可知，东、西墓室有拱形门。东、西两墓室的前室甬道之间为一道生土梁，其底部可见灰白色山体基岩，挡土墙封护于生土梁北端。

东墓室：甬道、前室、甬道、后室。

甬道：位于前室与墓道之间，平面呈长方形，平底，进深3.3米，宽0.95米，残高0.16—1.87米，铺地砖已无存。南部与前室相通，顶部结构坍塌，由东北角残存结构推测，甬道或为拱顶。甬道南端东、西两侧露出灰白色山体基岩。

前室：位于甬道的南部，平面呈长方形，东西向略宽，南北长2米，东西宽2.05—2.15米，顶部坍塌，残高1.5米，墓壁为"二顺一丁"砌法，铺地砖已无存。墓室内填土为灰褐色花土，土质较硬，包含残砖。由前室残存的东北角和西南角结构推测，前室上部结构是逐渐向顶部攒收的。

甬道：连通前室和后室，位于后室北部，平面呈长方形，进深1.2米，宽1米，残高0.6米，为"二顺一丁"砌法。

后室：位于甬道的南部，顶部坍塌，平面呈长方形，西壁变形，南北长2.8米，东西宽1.85米，残高0.25米，墓壁砌法与甬道相同。墓室填土为红褐色花土，土质硬。后室南部土圹底部，是白色山体基岩。

西墓室包括甬道、前室、甬道、后室。

甬道：位于前室与墓道之间，平面呈长方形，顶部坍塌，南北深3.2米，宽0.8米，残高0.25米。砌法为"二顺一丁"，由西北角残存部位推测，甬道或为拱顶。填土为灰褐色，质地松软，含碎砖块等。

前室：位于甬道南部，平面呈长方形，南北长2米，东西宽1.85米，残高1.3米，墓壁为"二顺一丁"砌法，顶部坍塌。由前室残存的东南角结构推测，前室上部结构逐渐向顶部攒收。

甬道：连通前室和后室，位于后室北部，平面呈长方形，进深1.1米，宽0.9米，残高1.1—1.2米，为"二顺一丁"砌法。顶部坍塌，填土为灰褐色花土，包含砖块等。

后室：位于甬道的南部，顶部坍塌，残存局部砖块。平面呈长方形，南北长3米，东西宽1.8米，残高0.5米，墓壁砌法与甬道相同。墓室填土为红褐色花土，土质硬，包含砖块等（图一一二；图一一四，3；彩版一八，3）。

被严重盗扰破坏，出土有陶罐、陶碗、铁犁（残）、铭文砖（残），铜钱5枚。

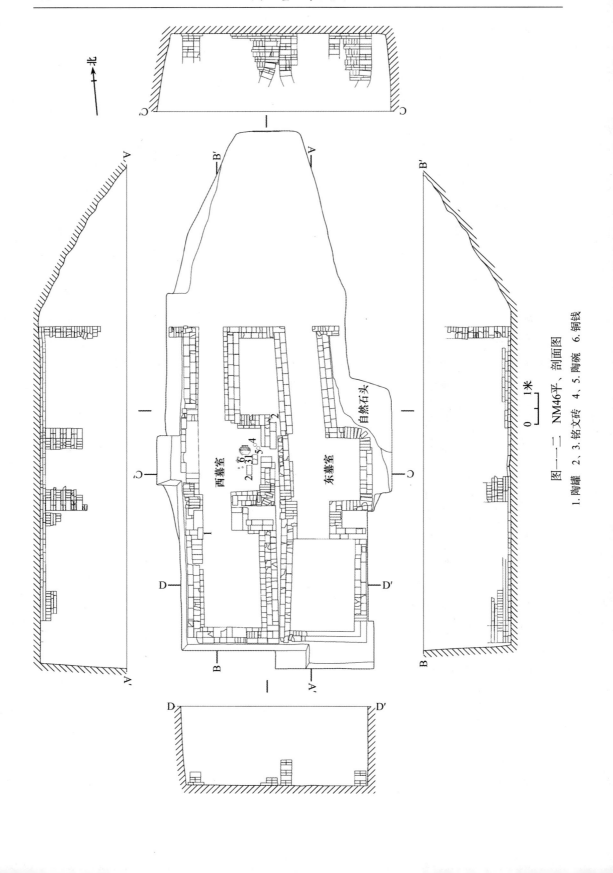

图一一三　NM46平、剖面图
1.陶罐　2、3.铭文砖　4、5.陶碗　6.铜钱

陶罐　1件。NM46：1，灰陶，火候不高，口沿残损，颈肩处一窄周增厚，颈肩间在对应处置2个穿孔的系，圆鼓肩，腹壁斜收，小平底，最大腹径14.7、底径8、高15.3厘米（图一一三，1；彩版六四，1）。

铭文砖　2件。均出土于西室后室甬道附近。皆灰陶，火候不高。刻有铭文。NM46：2，灰陶质，从中部断作两截，可拼合，正面刻铭文三列28字。铭曰"诏中堂：□郡中尉/云集四方，莫不是从，造/况大功，安措太夫人之零位"，字口深且清晰，侧立面刻铭文一列10字。铭曰"大康十年四月十五日"，字口浅，不甚清晰。砖长32、宽15.6、厚6.2厘米（图一一四，1；彩版六四，3、4）。NM46：3，灰陶质，残存2个碎块，可拼合，正面刻铭文两列五字。铭曰"砖二千……/郡府"，字口深且清晰，"千"字下残长横笔画，疑为"石"字的横划。砖残长19.3、宽16.3、厚6.5厘米（图一一四，2）。

陶碗　2件。NM46：4，灰陶，火候不高。素面无纹饰。口径10.3、底径2.5、高2.6厘米（图一一三，2；彩版六四，2）。NM46：5，灰陶，火候不高。素面无纹饰。口径10.7、底径2.2、高3.2厘米（图一一三，3；彩版六四，5）。

铜钱　9枚，大多已残。NM46：6，圆形，方穿，正面铸"五铢"二字，篆书，阳文，左右横读，背面光素无纹，钱径2.43、穿径1.03、郭宽0.13、郭厚0.15厘米，钱重2.5克（图一一四，4）。

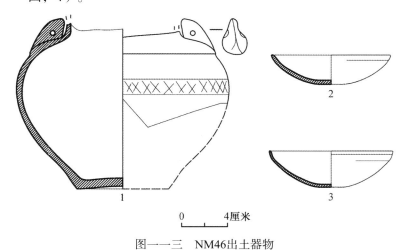

0　　　　4厘米

图一一三　NM46出土器物

1.陶罐（NM46：1）　2、3.陶碗（NM46：4、NM46：5）

2. NM47

位于发掘区的东北部，西邻NM46，NM47与NM46的墓圹相距约5米。开口于第3层下，打破生土层，墓向为5°，砖室墓，带墓道。墓口距地表1.7米，墓深3.7米，通长23.3米，最宽处5.3米，墓圹开口不规整。由墓道、甬道、前室、后室组成。

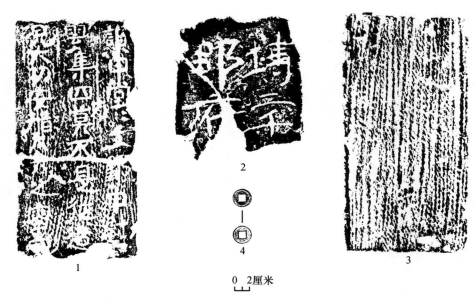

图一一四　NM46采集墓砖、铭文砖及出土铜钱

1、2.铭文砖（NM46：2、NM46：3）　3.采集墓砖　4.铜钱（NM46：6）

墓道：位于甬道北部，呈长方形，东壁口大底小，西壁不规整，有二层台。长9.2米，宽1—1.5米，深3.2—4米，底部略呈缓坡，长6.5米。

墓道的尽头是高大的挡土墙，高3.8米，东西宽2—2.4米。自顶部单砖平砌18层后，砌3层拱顶。

甬道：位于墓道的南部，拱形顶，保存完好，进深5.7米，宽1米，高2米，东西壁为"二顺一丁"砌筑，共4层，自两壁1.2米后起券，顶部拱砖缝隙用鹅卵石楔入，从而起到固定券砖的作用。甬道顶部自北向南，分布4组加固券。甬道内填满黄色纯净的淤沙土，甬道顶部填土为红土、灰土、黄土三种土分层填筑，结构紧密。

前室：位于甬道南部，平面呈方形，边长为3米，直壁部分砌法为"二顺一丁"，高约2.2米，四面直壁部分后，向顶部渐收，形成攒尖顶，砌法为"一顺一丁"，四壁相接部位渐渐形成弧角。尖顶部坍塌，结构不明。填土多为灰色淤沙土，包含较多砖块，土质较硬。

后室：位于前室南部，顶部和墓壁损毁严重，结构不明。平面呈长方形，南北长3.2米，东西宽0.9米，残高0.17米。内填红褐色花土，土质结构致密。后室南部土圹，系开凿部分山体基岩而成（图一一五、图一一六；彩版一九，1—3）。

墓砖规格：长0.32、宽0.17、厚0.07米。由于该墓损毁严重，仅发现铜钱数枚和残碎釉陶器。

残釉陶　2件。红陶，轮制，推测为灯盏。NM47：1，施淡黄褐色薄釉。形制较小。敞口，斜直腹，底部已残。残高5.2厘米。NM47：2，与NM47：1基本相同，唯底

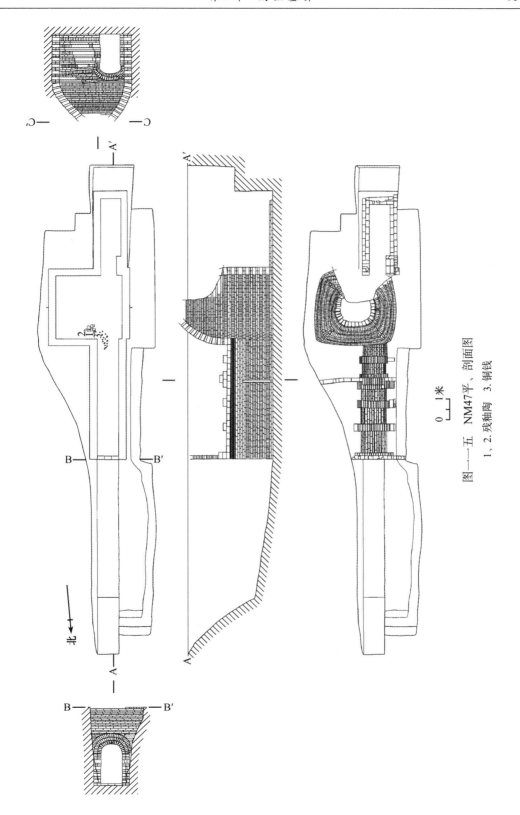

图一一五　NM47平、剖面图
1、2. 残釉陶　3. 铜钱

部似有连接的柄或杆，已残断。残高4.2厘米。

　　铜钱　21枚，大多已锈残。NM47：3-1，圆形，方孔，郭较窄，正面铸"半两"钱文，篆书，背面光素无纹，直径2.1、穿径0.97、郭宽0.05、郭厚0.11厘米，重1.6克（图一一七，1）。NM47：3-2，圆形，方孔，郭较窄，正面铸"半两"钱文，篆书，背面光素无纹。直径2.2、穿径0.96、郭宽0.06、郭厚0.11厘米，重1.9克（图一一七，2）。

0　　2厘米

图一一六　　NM47采集墓砖

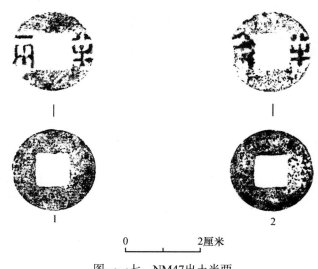

0　　　　　2厘米

图一一七　　NM47出土半两

1. NM47：3-1　2. NM47：3-2

第三节　辽代墓葬

共4座，编号NM9、NM11、NM13、NM20（图一一八）。

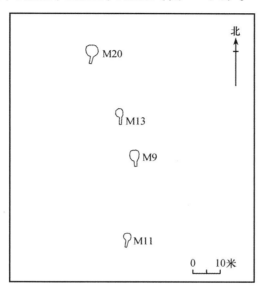

图一一八　南区辽代墓葬示意图

1. NM9

位于发掘区的中部，南邻NM10。开口于第2层下，打破生土层。平面呈甲字形，砖室墓，墓向10°。由墓道、墓门、墓室、棺床四部分组成，墓圹通长6.4米，墓口距地面0.6米，墓底到地表深2.7米。该墓已经损毁扰乱，内填花土，包含碎砖块等。墓砖规格长0.35—0.36米，宽0.16—0.17米，厚0.05—0.06米，砖面上有勾纹数道。

墓道：位于墓门的南部，开口平面呈梯形，设4级台阶，口大底小，上口宽0.98—1.04米，下口宽0.98—1.37米，深0.46—1.92米。内填花土。

墓门：位于墓室的南部，东西宽1.65米，进深0.7米，顶部坍塌，高度不明。

墓室：位于墓的最北部，平面近似圆形，直径3.4米，周边均用灰砖砌筑，仅残存底部，因此墓壁砌法不明。墓室底部纵向平铺一层铺地砖。

棺床：位于墓室的北半部，棺床平面呈长方形，东西长1.3米，南北宽1.5米，高0.5米。青砖抹泥砌筑，棺床上下未发现骨架和葬具（图一一九、图一二○；彩版二○，1）。

被盗扰破坏严重，出土有少量瓷器残件、黄釉陶器残件、陶器残件、铜钱数枚及墓志1盒。

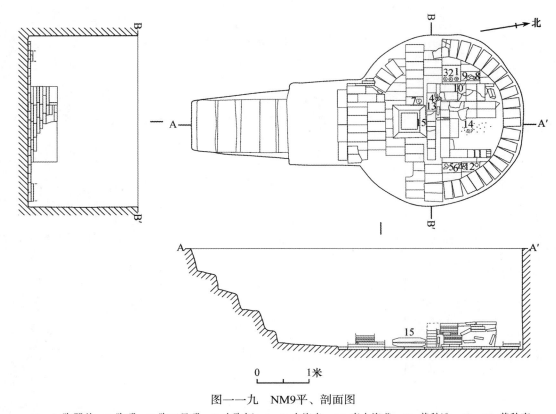

图一一九　NM9平、剖面图

1—4.陶器盖　5.陶碟　6.陶三足碟　7.小陶杯　8、9.白瓷盘　10.青白瓷盏　11.黄釉洗　12、13.黄釉壶
14.铜钱　15.墓志

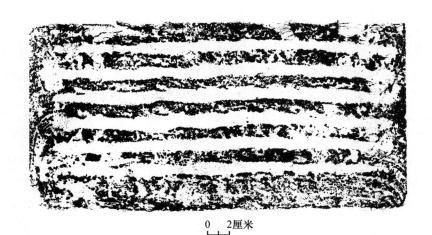

图一二〇　NM9采集墓砖

陶器盖　4件。轮制灰陶，火候高，形制、大小基本相同。NM9：1，子母口，平沿略上翘，拱顶，宝珠纽。口径9.4、高5.6厘米（图一二一，2；彩版六四，6；彩版六五，1）。NM9：2，子母口，平沿略上翘，拱顶，宝珠纽，盖面涂有白色、赭红色颜料。口径9.5、高5.7厘米（图一二一，3；彩版六五，1）。NM9：3，子母口，残。口径9.4、高5.7厘米（图一二一，5；彩版六五，1）。NM9：4，子母口，平沿略上翘，拱顶，宝珠纽。口径9.3、高5.7厘米（图一二一，7；彩版六五，2）。

陶碟　1件。NM9：5，敞口，圆唇，浅腹中部内折，平底，底部有同心圆状轮制痕迹。口径18、足径7、高5.2厘米（图一二一，6；彩版六五，3）。

陶三足碟　1件。NM9：6，灰陶质，平折沿，浅腹，平底下接3锥状足，沿面宽平，饰三道凹弦纹。口径17、足径9.4、高3.4厘米（图一二一，4；彩版六五，4）。

小陶杯　1件。NM9：7，轮制，灰陶。敞口，圆唇，颈部微束，圆筒腹，小平底。口径10.2、足径5.6、高9.6厘米（图一二一，8；彩版六五，5）。

白瓷盘　2件，胎釉特征相同，为同一窑口产品，形制略有区别。NM9：8，细白胎，有黑色杂质和小孔，白釉局部现蜡泪痕，圈足粘有三处堆砂支烧痕。敞口，口沿作七出花口，斜直腹，近底有折感，平底，圈足，挖足较深。口径15.2、足径4.6、高2.6厘米（图一二二，3；彩版六五，6）。NM9：9，细白胎，有黑色杂质和小孔，白釉不甚光洁，矮圈足露胎无釉，有三处支烧痕。敞口，浅腹，腹壁有折感，平底圈足。口径17、足径4、高3.4厘米（图一二二，4；彩版六五，7）。这2件白瓷盘与北京龙泉务辽代产品特征较接近。

景德镇青白瓷盏　1件。NM9：10，可复原。细白胎，白釉微泛青。敞口，斜直腹，瘦底，形似斗笠。内壁饰刻划纹，残不可辨识。口径13.2、足径3.4、高4.2厘米（图一二二，1；彩版六五，8；彩版六六，1、2）。

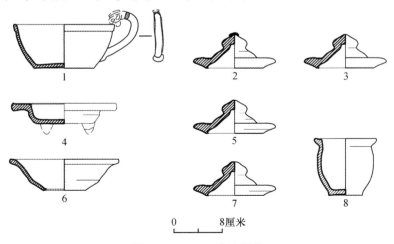

0　　　　　8厘米

图一二一　NM9出土器物

1.黄釉洗（NM9：11）　　2、3、5、7.陶器盖（NM9：1、NM9：2、NM9：3、NM9：4）　4.陶三足碟（NM9：6）
6.陶碟（NM9：5）　8.小陶杯（NM9：7）

· 100 ·　　　　　何家坟墓地考古报告

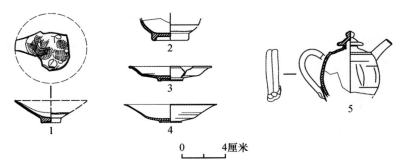

图一二二　　NM9出土器物

1. 景德镇青白瓷盏（NM9：10）　　2、5. 黄釉壶（NM9：13、NM9：12）　　3、4. 白瓷盘（NM9：8、NM9：9）

　　黄釉洗　1件。NM9：11，残。灰白胎，胎土不甚坚致，轮制。敞口，圆唇，圆腹缓收，平底，一侧置曲柄，柄与器身连接处残损，遍体满施黄釉，局部积釉处显褐色，釉面有细小开片，口径16.7、底径10、器身高7.3、残柄8.3厘米（图一二一，1；彩版六六，3）。1969年河北省张家口市宣化区下八里金皇统四年（1144年）张世本墓[①]以及1971年北京市西城区锦什坊街辽墓[②]均出土过类似的黄釉洗。

　　黄釉壶　2件，皆残不可复原。述其大概。NM9：12，残存肩、腹、流、曲柄、底足，盖完好。灰白胎，胎土不甚坚致，釉面匀净。壶身作瓜楞状，足已残无存。残高13.2、盖直径4.7厘米（图一二二，5；彩版六六，4）。1993年河北省张家口市宣化区下八里辽大安九年（1093年）张匡正墓出土过类似的黄釉壶[③]。NM9：13，残存底足，腹片。灰白胎，胎土不甚坚致，黄色釉夹杂黑褐色斑。足径6.4、残高3.7厘米（图一二二，2；彩版六六，4）。

　　铜钱　30枚，大多已锈残。NM9：14-1，范铸，钱正面楷书，上下右左对读"皇宋通宝"，背素面。钱径2.42、穿径0.85、郭宽0.24、郭厚0.25厘米，钱重3.1克（图一二三，1）。NM9：14-2，范铸，钱正面楷书，上下右左对读"开元通宝"，背素面。钱径2.38、穿径0.75、郭宽0.22、郭厚0.27厘米，钱重3.6克（图一二三，2）。NM9：14-3，范铸，钱正面楷书，上下右左对读"开元通宝"，背素面。钱径2.34、穿径0.67、郭宽0.21、郭厚0.23厘米，钱重3.1克（图一二三，3）。

　　墓志　1盒。NM9：15（图一二四；彩版六六，5；彩版六七，1）。

　　盖、志均为青石质。志、盖正面相对叠放置于棺床南边。

　　盖作盝顶式，边长64.5厘米，厚8.3厘米。盝顶边长31.6厘米。盝顶正中刻"故兴中府尹韩公墓志"九字楷书，三行三列。外围在界格内饰四组线刻忍冬纹，四杀饰线

①　张柏主编：《中国出土瓷器全集》（北京卷），科学出版社，2008年，第158页。
②　张柏主编：《中国出土瓷器全集》（北京卷），科学出版社，2008年，第45页。
③　张柏主编：《中国出土瓷器全集》（北京卷），科学出版社，2008年，第153页。

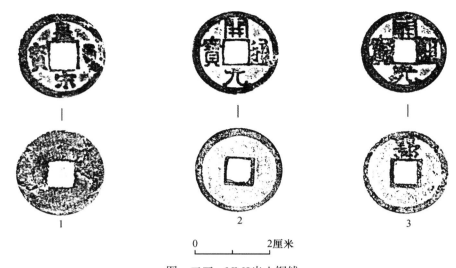

图一二三 NM9出土铜钱
1. 皇宋通宝（NM9：14-1） 2、3. 开元通宝（NM9：14-2、NM9：14-3）

刻"十二生肖"纹，盖的四角饰线刻莲花纹。盖通体打磨整齐平滑。

志为方形，边长64.4厘米，厚8.3厘米。亦作盝顶式，盝顶及四杀打粗道。志文楷书，竖行，共42行，满行56字，全文1677字。志文如下：

故彰信军节度使彰武军节度霸黔安德等州观察处置等使金紫崇禄大夫检校太傅使持节霸州诸军事霸州刺史知兴中尹事兼御史中丞上骑都/尉南阳县开国公食邑一千五百户食实封壹佰伍拾户韩公墓志铭并序。/朝议大夫司农少卿前知忠顺军节度副使上骑都尉清河县开国子食邑五百户赐紫金鱼袋张峤撰。/天庆四年十月三十日兴中府尹南阳韩公卒年七十有二敛之五年正月壬申朔十四日乙酉辛时葬燕京宛平县房仙乡鲁/郭里合先陇西郡夫人李氏之茔前事之月其子纬再拜哭授大尹公行状乞铭于峤曰纬罪人也以职繫行/朝当父之有大故也疾不得侍药不得亲敛不得举/今千里之外将以止护旅衬归葬，又何敢无其铭乎/峤曰大尹公行应铭法子能以礼葬其安可让耶大尹公讳君庸字 乃崇文令公五代孙也弈/叶载德鼎甲联映加之情度粹和局履正实安分知止小心抑畏又常以恩信结人英英松柏中出古风落落圭璋可荐/清庙鹴第赋丹枫之陛旋飞绥碧落之阶以咸雍二年六月直赴御试至十年六月进士及第授祕书省校书郎。太康/元年差补中京都商税判官二年充中书省书令史五年转充令史六年加太子洗马八年充中书省守当官加殿中丞充/宣赐三韩国公起复告敕书状官十年充中书省主事固无濡滞之尤雅有详华之誉大安三年改授北面祥断案牍加尚书/左司员外郎览案填盈亦克用理时母太君孀而且老遂求补外职五年授兴中府判官加尚书都官郎中七年知大定府长/兴县事加尚书吏部郎中伸画莲幕之余鸣琴花县之暇而脱

冠斑衣承顺八十四岁萱堂之颜色何乐如之俄丁太君忧荼茹哀□□闻凤夜八年
差充中京银绢库都监颇有余美十年加起居郎知随驾礼信司寿昌三年加少府少
监知详覆院五年/加殿中少监知大定府少尹两次摒掠礼部贡院及權秘书监乾统
二年加太僕少卿知御史知杂三年覃加崇禄少卿是冬诏充封册夏/国王押册使又
奉命管勾镌写大圣皇帝高祖皇后册文兼勘会道宗皇帝山陵下钱帛四年诏充南
宋贺生辰/人使接伴副使简烦职业正纶均被于逸劳跋履川程使驭肃将于恩礼五
年授中京内省使加太常少卿亦既莅司/百局咸叙六年加少府监签随驾宣徽院事
玉傅雕华押偁封而篆社旒咫尺屈奸力以回天帝心简照恩绥/屡颁是夏充上京
路按问使十二月覃加鸿臚卿兼權御史中丞及奉命充广平甸解洗殿院代拜官七
年加昭文馆/直学士同知上京留守临潢尹事又两次奉宣權发遣并规画盐鐵司九
年加左谏议大夫燕京副留守开国侯。栽评/庭讼美迎尹以皆虚恊贰京畿率望风
而知化天庆元年制授保静军节度使金紫崇禄大夫捡挍太傅上骑都尉兼御史中
丞诏押南宋贺生辰人使宴千乘啓行威宣戎律百边示惠礼肃侑宾復诏监腾录南
省试举人文卷四/年秋八月诏權兴中府尹総察程文诚无差于合契借蓥府莫时皆
至于搰辕是冬十月诏知兴中府尹事加彰信军节/度使开国公适及于公镇俗尚歌
于来暮不逾其月府人巳慰于去思公因微恙神不至疲坐逝于柳城之公署未卒/一
夕前天气昏暝上降霜淞泊卒时是夜地震倾都驚悸故天地靈异之徴迺臣子感应
之兆迫至殡后舌不灰烬/色如青莲縣忠信以存诚表言行而无玷间岁因任上京留
守同知非次染疴不已加灸自夕至旦有增无瘳/惟诵金刚经不辍其病顿愈盖公始
终持经之力不亦异乎祖讳绍昇太子少傅南院宣徽使/才高行洁体亮情夷器不满
能奄至遊逝父讳通有龙鸾之志贞素不仕母曰杨氏贞/婉令淑赠弘农君太夫人自
栢舟引誓四十余年齐戒无辍长兄曰君俞营州刺史鸿臚少卿次兄/曰君严中京绫
锦使弟曰蕴殊自幼出家天庆寺尚座赐紫沙门然巳遊逝姊曰韩氏故史馆修撰/刘
執中妻儒州刺史左谏议大夫瓘母见年七十有八大尹公之配曰李氏又曰赠陇西
郡夫人李氏/並先卒重泉幽壤悲桃李之先凋荒垅寒原叹旌幢之后返其葬二夫人
祔焉陇西郡夫人李氏/生二子长曰纬前南面诸行宫都部署院主事朝散大夫尚书
兵部郎中骁骑尉开国男食邑三百户/赐紫金鱼袋介然无朋久而可爱既不直寻而
枉尺又不吐刚而茹柔次曰絪举进士为善当无□名有志可以远到孙曰为良亦业
进士曰乾元曰乾贞皆有志尚女孙二人曰和龙曰彰信並幼骥子凤/雏丛生庭阀英
兰芳蕙並秀堦墀峤與大尹公游久而甚厚其事业亦详故为铭曰

大尹之仕 义为阶梯 不以利贾 不以势提 源巨终远 枝聳始佽 侯之以命 和
以天倪/言悟主听 摧折奸鲵 假尹府俗 去留婴啼 亦既即正疲瘵无瞑 奄至游逝
民思栖栖/ 有圣可瑞 吁嗟麟兮 不致于远 大车无輗/天庆五年岁次乙未正月壬申
朔十四日乙酉辛时记/前三司度支判官朝散大夫守少监清河县开国男食邑三百
户赐紫金鱼袋张秉仁书/刻字人河南郡宫世纯镌

1

2

0　　　　　　　　　　　30厘米

图一二四　NM9出土墓志（NM9：15）

1. 志盖　2. 墓志

2. NM11

位于发掘区的中部偏南。开口于第2层下，打破生土层，墓向20°，为砖室墓，通长4.5米。墓口距地表0.5米，墓底距地表深1.9米，由残存土圹推知，该墓由墓道和墓室构成。

墓道：位于墓室南部，墓道平面呈梯形，长2.1米，宽1.45—1.6米，东西两壁竖直，底部呈斜坡状，坡长2.3米，坡度为37°，与墓室连接处为平底，长0.3米。墓道内填黄褐色花土，质地松软，含少量残砖块。

墓室：位于墓道北部，平面略呈椭圆形，最大直径3.3米，直壁，平底。墓室北壁残存少量残砖，墓壁原为"一顺一丁"砌法。墓砖为青灰色，烧制火候高，质地较硬，规格为长0.28米，宽0.17米，厚0.05米，砖的一面有数道沟槽纹。墓室填土为黄褐色花土，土质松软（图一二五；彩版二〇，2）。

出土有数块白色瓷器残片，可辨器形有盏、碗、罐等。

白釉小碗　1件。NM11：1，白胎略泛灰，胎体轻薄，生烧，釉面不甚光洁。敞

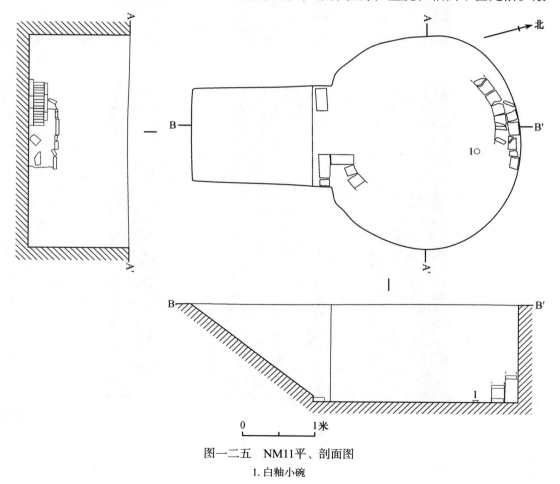

图一二五　NM11平、剖面图

1. 白釉小碗

口，弧腹，圈足。口径7.8、足径2.9、高2.8厘米（图
一二六；彩版六七，2）。

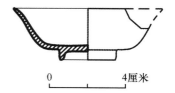

0   4厘米

图一二六 NM11出土白釉小碗
（NM11：1）

3. NM13

位于发掘区的中部，东北邻NM12，打破NM14。开
口于第2层下，打破生土层。平面呈甲字形，方向5°。
该墓由墓道、墓门、墓室、棺床四部分组成，墓圹通长7米，墓口距地面0.6米，墓底
距地表深2.7米。该墓已遭损毁扰乱。内填花土、淤土，夹有碎砖块等。墓砖规格为长
0.35—0.36米，宽0.15—0.16米，厚0.05米左右，砖面上有勾纹数道。

墓道：位于墓门的南部，分为两段，南段长2.5米，梯形斜坡状，北段为4级台
阶。墓道宽0.6—1.1米。内填五花土，土质较硬，包含少量砖块。

墓门：位于墓室的南部，东西宽0.95米，顶部坍塌，残高0.85—1米，进深0.68
米。墓门外侧两面绘有壁画，均为简单的折枝花卉纹。白灰作地丈，赭色勾出界格，
以黑彩绘枝叶并勾勒花瓣轮廓，内填红彩。

墓室：位于最北部，平面呈椭圆形，最大直径3.6米，四壁均用灰砖砌筑，由于受
挤压变形兼遭损毁，墓室砌法不明，或为穹顶。墓室底部平铺铺地砖。

棺床：位于墓室的北半部，平面呈长方形，东西长1.5米，南北宽1.4米，高0.5米。
青砖抹泥砌筑，棺床上下未发现骨架和葬具（图一二七、图一二八；彩版二〇，3）。

NM13的结构和形制，尤其是墓门的做法与韩佚墓十分接近[1]。

出土陶砚（残）、铁犁残件、铜削残件及墓志1组。

陶砚 1件。NM13：1，灰陶，模制。整体呈簸箕形，砚池前翘后凹，平折沿印有
三组凸起的梅花点纹，砚池前端下接2个锥足，底部墨书"张大哥"三字，长15.7、宽
12.4、高5厘米（图一二九，1；彩版六七，3—5；彩版六八，1）。

铜削 1件。NM13：2，铜质，头部作尖锥状。长11.4厘米（图一二九，2；彩版
六八，2）。

铁犁 1件。NM13：3，呈舌形，较厚重，锈蚀严重。残长26、残宽25.9厘米
（图一二九，3；彩版六八，3、4）。

墓志 1盒。NM13：4（图一三〇；彩版六八，5；彩版六九，1）。

盖、志均为青石质。志和盖分别依靠棺床东、西侧分开放置，盖在东，志在西。

盖作盝顶式，边长73.2厘米，厚9.7厘米。盝顶边长42.7厘米。盝顶正中刻"故兵
部郎中韩公墓志"九字楷书，三行三列。外围在界格内饰四组线刻忍冬纹，四杀饰线
刻"十二生肖"纹，盖的四角线刻莲花纹。盖通体打磨整齐平滑。

志为方形，边长73.1厘米，厚9.7厘米。亦作盝顶式，盝顶及四杀、四边均整治平
滑，四边线刻花卉纹。志文楷书，竖行，共32行，满行31字，全文936字。志文如下：

---

① 黄秀纯、傅公钺：《辽韩佚墓发掘报告》，《考古学报》1984年第3期。

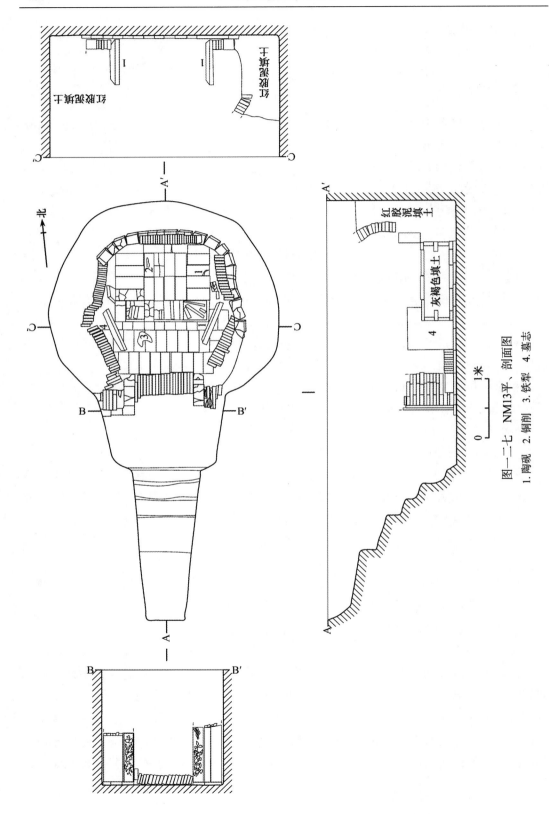

图一二七　NM13平、剖面图
1. 陶砚　2. 铜削　3. 铁犁　4. 墓志

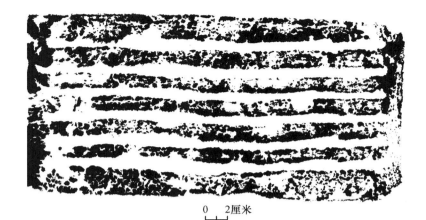

0 　2厘米

图一二八　NM13采集墓砖

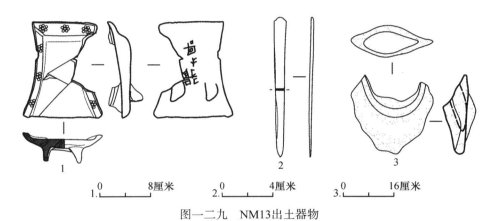

1.　0 　8厘米　　2.　0 　4厘米　　3.　0 　16厘米

图一二九　NM13出土器物

1.陶砚（NM13：1）　2.铜削（NM13：2）　3.铁犁（NM13：3）

大辽故朝散大夫尚书兵部郎中骁骑尉南阳县开国男食邑三百户赐紫金鱼袋韩公墓志 并序

兄乡贡进士　缙　撰

韩公讳纬字引之世为燕人籍属宛平始祖讳颖字延徽守政事令崇文馆大学/士赠尚书令当　大圣天皇帝开国佐命元勋后六世名公大人继出居将相位/凡绾组绶布列　朝廷分职州县者不可胜数韩氏遂为天下甲族曾祖讳绍昇/守太子少傅南院宣徽使祖讳通性好丘园心潜不仕父讳君庸故彰信军节度/使兴中府尹母故陇西郡夫人李氏大尹有二子公则长也次曰綑举进士公幼/禀义方之训长蔼乡曲之誉洎举进士力学于文年二十有五以寿昌六年荣登/科第授秘书省校书郎当年冬任惠州军事判官至　今上乾统改元改授利州/观察判官试大理评事次岁转知松山州松山县事加秘书省秘书郎。骐骥之足/必逐天衢鸾凤之姿当栖要地寻勾充枢密院试验再蒙恩授书令史后覃/加太子中舍次就迁尚书礼部郎中公笔有

余力识茂精辨敏于发摘时论称之/俄丁皇姚夫人忧柴毁骨立杖而后起才过卒哭
再奉朝旨復补前职因与故/相国耶律尚父大王联亲朝例不得同院遂改授随驾三
局分判官加尚书刑部/郎中公敷奏详明铨衡具举上以知公可任改授南面诸行宫
都部署院主事/加尚书兵部郎中秩未满会父大尹薨于柳城之郡也公以忧制差充
永丰库都/监既专利柄愈验干能岁以考终数有余美今年夏求仕　朝廷以才德称
职拟/定少府少监诸宫判官未期奏行会寝疾以天庆七年六月十八日薨于凉陉/之
私第享年四十有二家人殡以西域之法护神椁归于燕以天庆七年八月二/十九日
归葬于京西宛平县房仙乡鲁郭里附先府尹太师之茔礼也公赋性况/厚治家节俭
清强挺操存水蘖之思缓急得中匪卫绲之戒处夷险不易其节观/喜怒莫形于色临
终有遗书分散家赀内外宗亲随贫弱皆给与之其遗爱也如/此呜呼天道报应福善
祸淫如何斯人而有夭逝故与其德而不与其寿惜哉公/凡三娶始曰刘氏即殿中少
监知容城县事公弼之女也再娶李氏故枢密使兼/中书令许王仲祺之女孙故御史
中丞俦之次女也三娶郭氏即见任燕京控鹤/都指挥使安州团练使遵彦女也有子
二人长曰为良年二十有二举进士次/曰乾元年七岁今则掩圹有期藏仪巳毕长子
为良泣血请铭于从伯缙呜呼缙/从兄弟旧二十一人不十年间亡者逮半存者轗轲
未达可哀也哉铭曰
　　　忠乎其国 孝乎其家 寻尺不枉 瑾瑜不暇 仁而不寿 功而不赊
　　　秀而不实 圣人昔嗟 君斯命矣 亲不幸耶 善必余庆 嗣宜有嘉
　　　维天庆七年岁次丁酉八月丙辰朔二十九日甲申坤时记
　　　朝散大夫守殿中少监知诸宫制置副使赐紫金鱼袋张秉仁书

4. NM20

位于发掘区的中部偏西，东侧打破NM17。开口于第2层下，打破生土层，墓向
15°，砖室墓。墓口距地面1米，墓底距地表深2.65米，通长7.5米，由墓道、墓门及墓
室三部分组成，遭严重损毁破坏，仅残存少量铺地砖。

墓道：位于墓门南部，分为二段，南段为两级台阶，北段为斜坡呈梯形，墓道
总长2.8米，宽1—1.3米，深1.8米，东西两壁竖直，坡度10°—20°，底部与墓门底部齐
平，墓道内填灰褐色花土。

墓门：位于墓室南部中间，砖结构大部已无存，从土圹得知，墓门宽1.1米，进深
0.5米。

墓室：位于墓道北部，平面略呈椭圆形，最大径3.8米，砖结构大部分已无存，仅
墓底东南角残留数块铺地砖，墓砖为青灰色，火候高，规格相近，长为0.28—0.3米，
宽0.14—0.15米，厚0.05米。墓室内填灰褐色花土，土质较硬，含较多残砖。墓底发现
有人骨痕迹，葬具、葬式不明（图一三一；彩版二〇，4）。

由于该墓毁坏严重，仅在填土中出土铜钱2枚，其中一枚为"咸平元宝"，同时在
填土中出土的还有一些瓷器残片，可辨器形有碟、盏等。

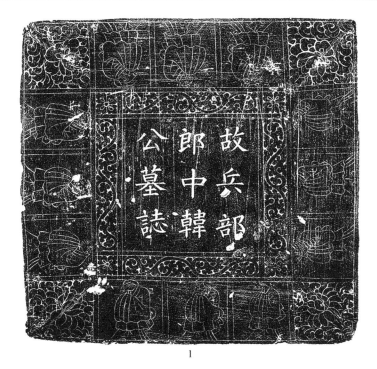

1

2

0   30厘米

图一三〇　NM13出土墓志（NM13：4）

1. 志盖　2. 墓志

铜钱　2枚。NM20：1-1，范铸，钱正面楷书，顺时针旋读"咸平元宝"，背素面。钱径2.44、穿径0.67、郭宽0.23、郭厚0.27厘米，钱重4克（图一三二，1）。NM20：1-2，范铸，钱正面楷书，顺时针旋读"嘉祐元宝"，背素面。钱径2.46、穿径0.77、郭宽0.16、郭厚0.23厘米，钱重3.1克（图一三二，2）。

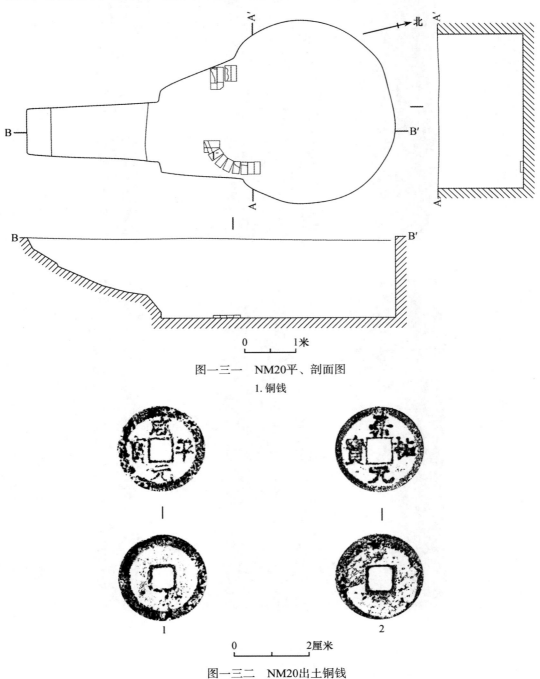

图一三一　NM20平、剖面图
1. 铜钱

图一三二　NM20出土铜钱
1. 咸平元宝（NM20：1-1）　　2. 嘉祐元宝（NM20：1-2）

第四节 明代墓葬

南区共发现明代墓葬28座，集中分布于发掘区北部。28座明代墓葬包括23座竖穴土圹单棺墓、5座砖石混构墓或石室墓。竖穴土圹墓和砖石混构墓或石室墓呈现出分区域分布的特点。以下按此分类进行介绍。

一、竖穴土圹墓

包括NM21、NM24、NM25、NM28—NM33、NM35—NM45，NM49—NM51共23座（图一三三）。

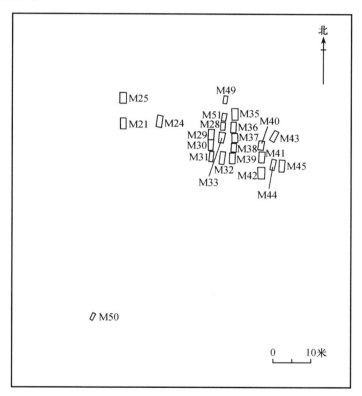

图一三三 南区明代竖穴土圹墓示意图

1. NM21

位于发掘区的北部，东面邻近NM22。开口于第2层下，打破生土层，墓向10°。墓圹平面呈长方形，口小底大，北壁竖直，其余东、西、南壁向上内收。墓口距地表

0.4米，墓底距地表深2.38米，墓圹长3米，宽1.2—1.3米；墓底长3.2米，宽1.45—1.5米，墓内填花土，葬木棺，棺木已腐朽，仅存板灰痕迹，长2米，宽0.65—0.7米。骨架保存较好，头北足南，面向西，仰身直肢，墓主为男性，年龄不详（图一三四；彩版二一，1）。

随葬铜簪、铜环。

铜簪　1件。NM21：1，簪首已残，锈蚀严重。残长7.3厘米（图一三五，1；彩版六九，2）。

铜环　2件。NM21：2，两件相同，通体素面。外径1.4、内径0.6厘米（图一三五，2；彩版六九，3）。

2. NM24

位于发掘区的北部，西邻NM23。开口于第2层下，打破生土层，墓向10°。土圹竖穴单棺葬，墓室南宽北窄呈梯形，口大底小。墓口南北长2.95米，宽1.25—1.35米，墓底长2.8米，宽1.15—1.25米。墓口距地表0.6米，墓底距地表2.75米。

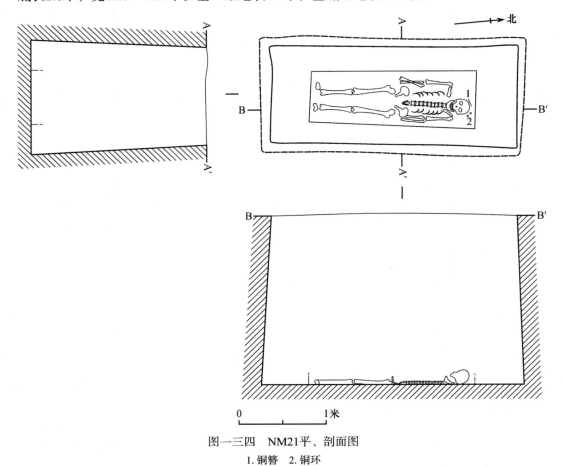

图一三四　NM21平、剖面图

1. 铜簪　2. 铜环

　　墓室填土呈灰褐色，土质松软，底部夹杂少量碎砖。葬有木棺，棺木已朽，仅残留板灰痕迹，棺长2.1米，宽0.7—0.75米。人骨保存状况差，残剩肢骨，可知头向北，性别、面向不明（图一三六；彩版二一，2）。

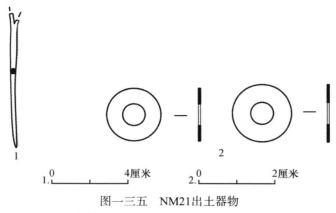

图一三五　NM21出土器物

1. 铜簪（NM21：1）　2. 铜环（NM21：2）

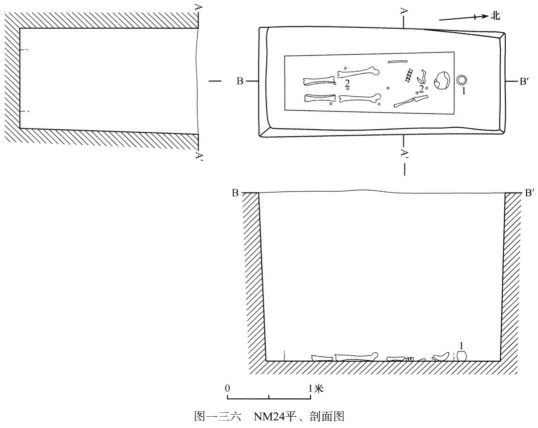

图一三六　NM24平、剖面图

1. 陶罐　2. 铜钱

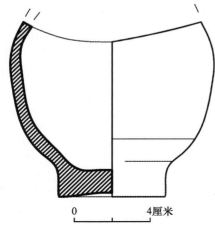

图一三七 NM24出土陶罐（NM24：1）

随葬品有残陶罐1件、铜钱5枚。

陶罐 1件。NM24：1，口已残，弧腹，平足内凹。足径5.7、残高9.6厘米（图一三七；彩版六九，4）。

铜钱 5枚。NM24：2-1，范铸，钱正面篆书，顺时针旋读"元丰通宝"，背素面。钱径2.35、穿径0.71、郭宽0.24、郭厚0.25厘米，钱重3克（图一三八，1）。NM24：2-2，范铸，钱正面篆书，顺时针旋读"元丰通宝"，背素面。钱径2.3、穿径0.72、郭宽0.17、郭厚0.21厘米，钱重1.7克（图一三八，2）。NM24：2-3，范铸，钱正面篆书，顺时针旋读"元丰通宝"，背素面。钱径2.4、穿径0.78、郭宽0.26、郭厚0.21厘米，钱重2.2克（图一三八，3）。NM24：2-4，范铸，钱正面楷书，上下右左对读"至元通宝"，背素面。钱径2.2、穿径0.62、郭宽0.28、郭厚0.17厘米，钱重1克（图一三八，4）。NM24：2-5，范铸，钱正面楷书，顺时针旋读"祥符通宝"，背素面。钱径2.45、穿径0.7、郭宽0.23、郭厚0.26厘米，钱重3克（图一三八，5）。

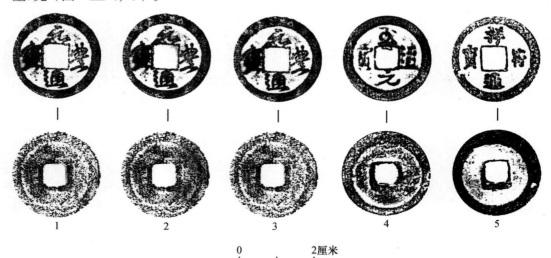

图一三八 NM24出土铜钱

1—3.元丰通宝（NM24：2-1、NM24：2-2、NM24：2-3） 4.至元通宝（NM24：2-4）

5.祥符通宝（NM24：2-5）

3. NM25

位于发掘区的北部，东邻NM26。开口于第2层下，打破生土层，墓向为15°。土圹竖穴单棺葬，墓室北宽南窄呈梯形。墓圹南北长2.85米，宽1.6—1.7米，墓底长2.9—3米，宽1.5—1.7米。墓口距地表0.45米，墓底距地表2.95米。

墓室上部填土呈灰褐色，质地松软，葬有木棺，棺木已朽，骨架保存状况差，头向北，墓主为男性（图一三九；彩版二一，3）。

铜钱　30枚，大多已锈残。NM25：1-1，范铸，钱正面篆书，上下右左对读"宣和通宝"，背素面。钱径2.85、穿径0.87、郭宽0.2、郭厚0.23厘米，钱重4.9克（图一四〇，1）。NM25：1-2，范铸，钱正面篆书，顺时针旋读"元丰通宝"，背素面。钱径2.53、穿径0.68、郭宽0.19、郭厚0.16厘米，钱重2.8克（图一四〇，2）。NM25：1-3，范铸，钱正面楷书，上下右左对读"政和通宝"，背素面。钱径2.45、穿径0.74、郭宽0.29、郭厚0.29厘米，钱重3.9克（图一四〇，3）。NM25：1-4，范铸，

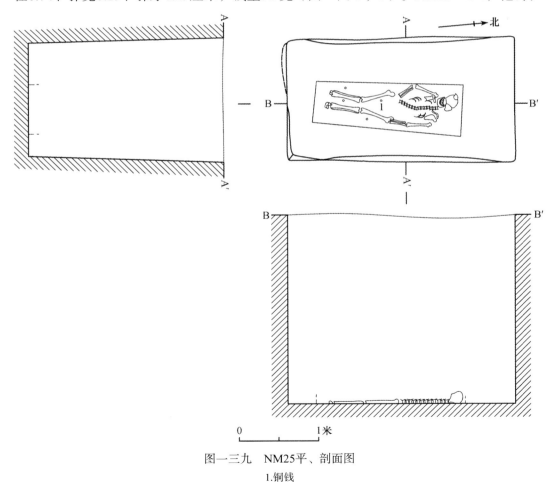

图一三九　NM25平、剖面图

1.铜钱

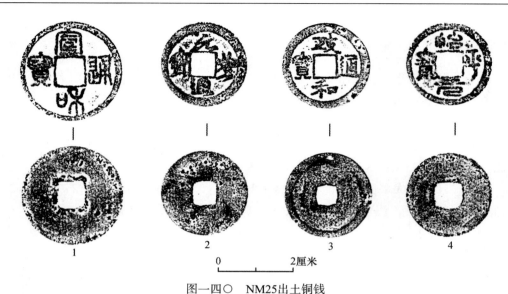

0   2厘米

图一四〇　NM25出土铜钱

1. 宣和通宝（NM25：1-1）　2. 元丰通宝（NM25：1-2）　3. 政和通宝（NM25：1-3）
4. 治平元宝（NM25：1-4）

钱正面篆书，顺时针旋读"治平元宝"，背素面。钱径2.35、穿径0.8、郭宽0.19、郭厚0.18厘米，钱重2.7克（图一四〇，4）。

4. NM28

位于发掘区的北部，北邻NM51，南邻NM33，墓室北部打破NM34南壁及墓室。开口于第2层下，打破生土层，墓向为10°。土圹竖穴单棺葬，开口北宽南窄呈梯形，直壁。墓室南北长2.5米，宽1.2—1.4米。墓口距地表0.4米，墓底距地表1.9米。

墓内葬木棺，木棺已朽，仅存板灰痕迹，棺长2.1米，宽0.6—0.9米。骨架保存较好，头向北，面向上，仰身直肢，男性（图一四一；彩版二一，4）。

釉陶罐　1件。NM28：1，轮制，红褐陶。直口，束颈，斜折肩，圆腹斜收，平底内凹。口径8.6、底径7.2、高11.2厘米（图一四二；彩版六九，5）。

铜钱　50枚，大多已锈残。NM28：2-1，范铸，钱正面楷书，上下右左对读"天启通宝"，背面有一"工"字。钱径2.55、穿径0.58、郭宽0.26、郭厚0.31厘米，钱重4.5克（图一四三，1）。NM28：2-2，范铸，钱正面楷书，上下右左对读"崇祯通宝"，背素面。钱径2.57、穿径0.62、郭宽0.26、郭厚0.3厘米，钱重4.4克（图一四三，2）。NM28：2-3，范铸，钱正面楷书，上下右左对读"万历通宝"，背素面。钱径2.41、穿径0.59、郭宽0.23、郭厚0.3厘米，钱重4.4克（图一四三，3）。

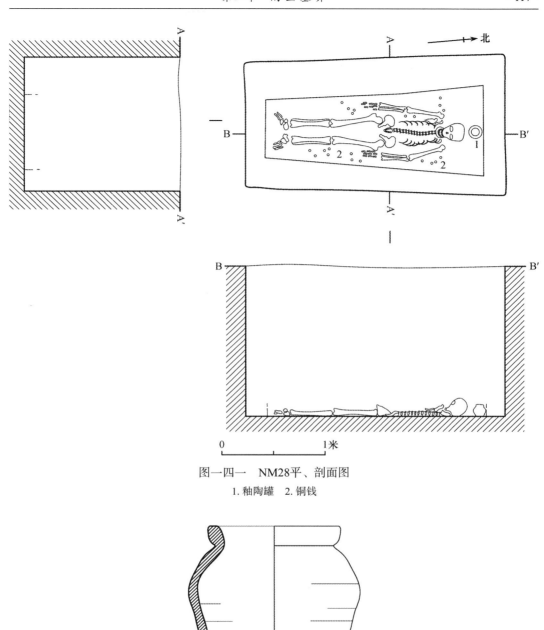

图一四一　　NM28平、剖面图

1. 釉陶罐　2. 铜钱

图一四二　　NM28出土釉陶罐

（NM28∶1）

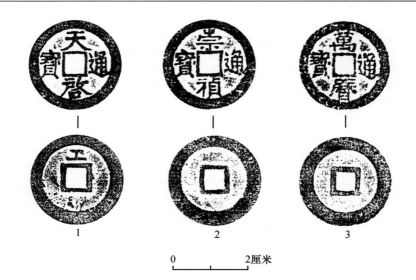

图一四三　NM28出土铜钱

1. 天启通宝（NM28：2-1）　　2. 崇祯通宝（NM28：2-2）　　3. 万历通宝（NM28：2-3）

5. NM29

位于发掘区的北部，南邻NM30。开口于第2层下，打破生土层，墓向为10°。土圹竖穴单棺葬，墓室南窄北宽，口大底小向下内收，墓口长3米，宽1.15—1.25米。墓底长2.8—2.9米，宽0.95—1.35米。墓口距地表0.5米，墓底距地面表1.7米。

墓室填土为灰褐色，质地较软。棺有木葬，木棺已朽，板灰痕迹长2.1米，宽0.6—0.8米。骨架保存较好，头向北，面向左侧，为男性。仰身，下肢骨较乱，头骨、椎骨发生移位。无随葬品（图一四四；彩版二二，1）。

6. NM30

位于发掘区的北部，北邻NM29，南邻NM31。开口于第2层下，打破生土层，墓向10°。土圹竖穴单棺葬，墓室北宽南窄呈梯形，墓圹南北长2.45米，东西宽1—1.15米，墓底长2.4米，宽1—1.25米。墓口距地表0.5米，墓底距地表1.7米。

墓室填花土，质地松软。木棺已朽，仅残留板灰痕迹，长2米，宽0.5—0.55米。骨架保存较好，头向北，面向右侧，仰身直肢，男性。未发现随葬品（图一四五；彩版二二，2）。

7. NM31

位于发掘区的北部，北邻NM30。开口于第2层下，打破生土层，墓向为10°，土圹竖穴单棺墓。墓室北宽南窄呈梯形，墓圹南北长2.8米，宽1.1—1.2米，墓底长2.9米，宽1—1.3米。墓口距地表0.55米，墓底距地表1.85米。

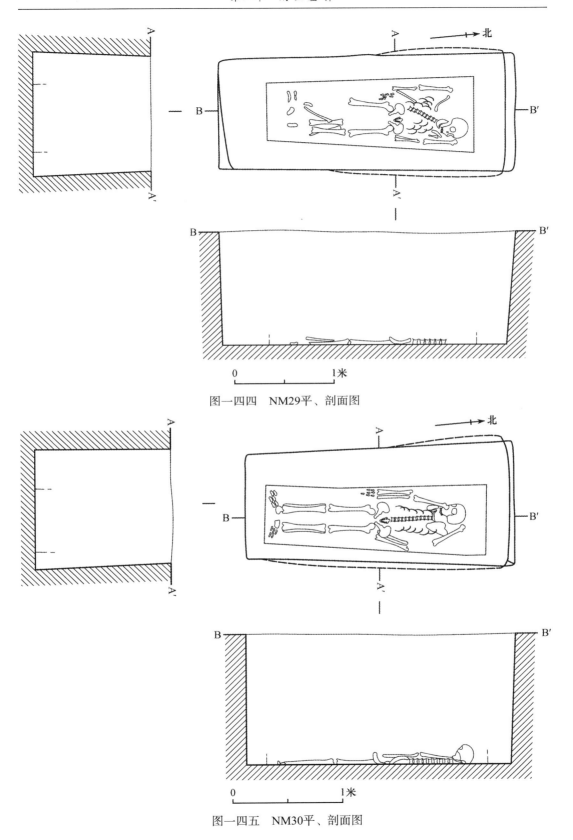

图一四四　NM29平、剖面图

图一四五　NM30平、剖面图

墓室内填花土。木棺已朽，仅残留板灰痕迹，长2.1米，宽0.7—0.8米。骨架保存较好，头向北，面向上，仰身直肢，男性（图一四六；彩版二二，3）。

釉陶罐　1件。NM31：1，轮制，灰陶。直口，束颈，斜折肩，圆腹斜收，平底。肩以上部位施褐釉，釉层薄。口径9.8、底径7.7、高12厘米（图一四七，1；彩版七〇，1）。

铜腰带扣　2件。NM31：2，已锈残不全。残长4、残宽3.6厘米（图一四七，2；彩版七〇，2）。NM31：3，素面无纹饰，已锈残，完整者为1片桃形。长5.6、厚0.9厘米。另残存半个长方形玉带片。残长5.2、厚0.9厘米（图一四七，3；彩版七〇，2）。

铜钱　57枚，大多已锈残。NM31：4-1，范铸，钱正面楷书，上下右左对读"崇祯通宝"，背素面。钱径2.49、穿径0.64、郭宽0.23、郭厚0.26厘米，钱重3.6克（图一四八，1）。NM31：4-2，范铸，钱正面楷书，上下右左对读"泰昌通宝"，背素面。钱径2.53、穿径0.59、郭宽0.25、郭厚0.24厘米，钱重3.8克（图一四八，2）。NM31：4-3，范铸，钱正面楷书，上下右左对读"万历通宝"，背素面。钱径2.48、穿径0.58、郭宽0.23、郭厚0.25厘米，钱重3.9克（图一四八，3）。NM31：4-4，范铸，钱正面楷书，上下右左对读"天启通宝"，背面有一"工"字。钱径2.59、穿径0.65、郭宽0.27、郭厚0.28厘米，钱重4克（图一四八，4）。

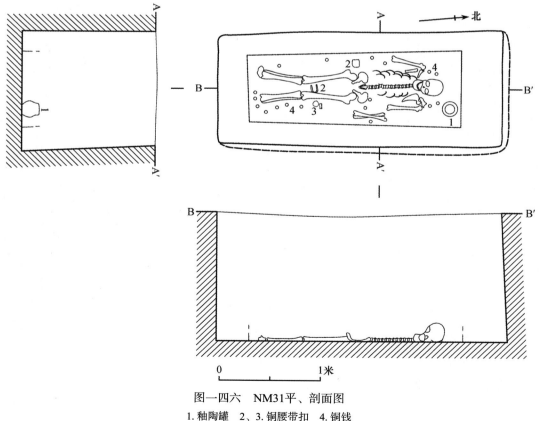

图一四六　NM31平、剖面图

1.釉陶罐　2、3.铜腰带扣　4.铜钱

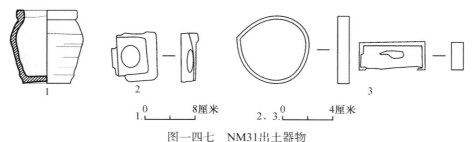

图一四七　NM31出土器物

1. 釉陶罐（NM31：1）　2、3. 铜腰带扣（NM31：2、NM31：3）

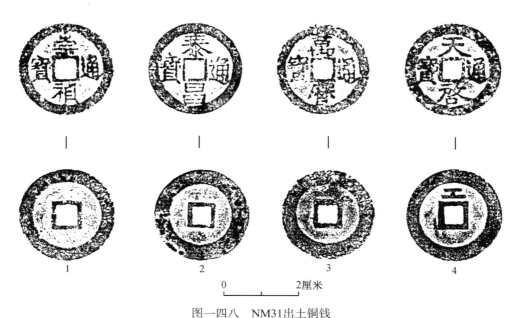

图一四八　NM31出土铜钱

1. 崇祯通宝（NM31：4-1）　2. 泰昌通宝（NM31：4-2）　3. 万历通宝（NM31：4-3）

4. 天启通宝（NM31：4-4）

8. NM32

位于发掘区的北部，东邻NM39。开口于第2层下，打破生土层，方向为20°，土圹竖穴单棺墓。墓室呈长方形，口小底大，东、西壁稍向内倾呈弧形。墓圹南北长3.15米，宽1.3—1.45米。墓底长3.3米，宽1.4—1.55米。墓口距地表0.5米，墓底距地表3米。

墓室填花土。木棺已朽，仅残留木灰痕迹，长2.1米，宽0.5—0.8米。骨架保存较好，头向北，头骨移动不在原位，仰身直肢，男性（图一四九；彩版二二，4）。

釉陶罐　1件。NM32：1，轮制，红褐陶。直口，束颈，鼓肩，圆腹斜收，平底。肩以上部位施淡黄釉，釉层薄。口径8.8、底径6.8、高11.5厘米（图一五〇，1；彩版七〇，3）。

骨管状器　1件。NM32：2，骨制，管状，顶上有拱形盖，盖面有长方形孔槽。直

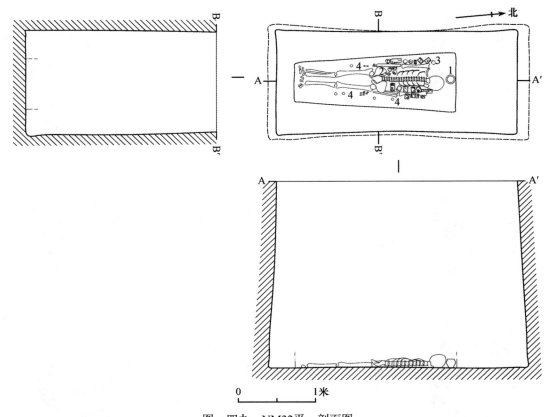

图一四九　NM32平、剖面图

1. 釉陶罐　2. 骨管状器　3. 木腰带　4. 铜钱

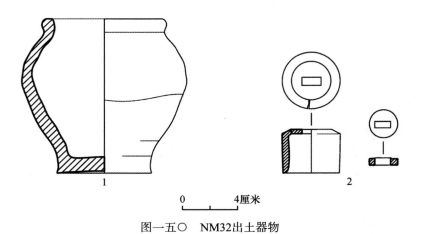

图一五〇　NM32出土器物

1. 釉陶罐（NM32：1）　2. 骨管状器（NM32：2）

径4、高3.2厘米（图一五〇，2；彩版七〇，4）。

木腰带　1条。NM32：3，出土时散落在墓主人上身附近，已失去原连缀顺序。现残剩20块木腰带板。锈残严重脱落，局部缺失，木质差，正面有纹饰。可辨辅弼4块，圆桃6块，鱼尾2块，排方或三台共计8块，4块三台或排方木带板尺寸为长10.1、宽5.7、厚1厘米。纹饰题材为花卉纹，不甚精细。另有铜带扣1件，残损严重。残长10.5、残宽5.5厘米（图一五一；彩版七〇，5）。

铜钱　10枚，大多已锈残。NM32：4-1，范铸，钱正面楷书，上下右左对读"万历通宝"，背素面。钱径2.47、穿径0.58、郭宽0.2、郭厚0.32厘米，钱重4.5克（图一五二，1）。NM32：4-2，范铸，钱正面楷书，上下右左对读"万历通宝"，背素面。钱径2.59、穿径0.64、郭宽0.23、郭厚0.29厘米，钱重3.8克（图一五二，2）。

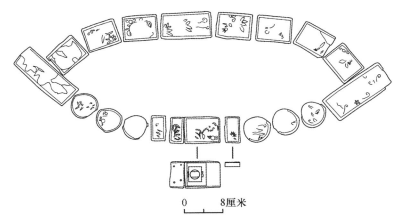

图一五一　NM32出土木腰带（NM32：3）

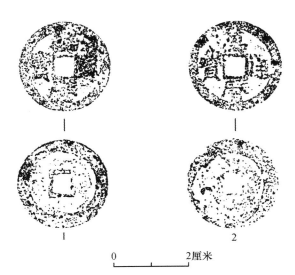

图一五二　NM32出土万历通宝

1. NM32：4-1　2. NM32：4-2

9. NM33

位于发掘区的北部，北邻NM28。开口于第2层下，打破生土层，墓向15°，土圹竖穴单棺墓。墓室北宽南窄呈梯形，直壁。墓圹南北长3.2米，宽1.3—1.45米。墓口距地表0.45米，墓底距地表1.85米。

墓室填花土，木棺已朽，仅残存板灰痕迹，长2.1米，宽0.5—0.65米。内骨架保存较好，头向北，面向上，仰身直肢，为男性。随葬釉陶罐和陶盆（图一五三；彩版二三，1）。

釉陶罐　1件。NM33：1，灰陶，轮制。微敛口，束颈，鼓肩，圆腹斜收，平底内凹。肩以上部位施褐釉，釉层薄。口径7.6、底径7.8、高11.2厘米（图一五四，1；彩版七一，1）。

陶盆　1件。NM33：2，轮制，灰陶。敞口，斜直腹，大平底内凹。光素无纹。口径27.4、高10、底径17.8厘米（图一五四，2；彩版七一，3）。

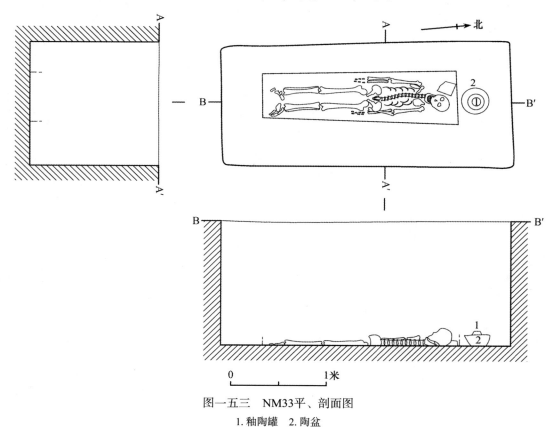

图一五三　NM33平、剖面图

1. 釉陶罐　2. 陶盆

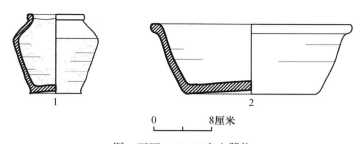

图一五四　NM33出土器物
1.釉陶罐（NM33：1）　2.陶盆（NM33：2）

10. NM35

位于发掘区的北部。开口于第2层下，打破生土层，墓向15°，土圹竖穴单棺墓。墓室北宽南窄呈梯形，墓圹南北长2.9米，宽1.4—1.5米，墓底长2.9米，宽1.4—1.5米。墓口距地表0.6米，墓深1.2米。

墓室填花土，木棺已朽，仅残留铁锈色木棺痕迹，长2.1米，宽0.6—0.8米。骨架保存较好，头向北，头骨偏移至东侧，仰身直肢，骨骼凌乱，为男性（图一五五；彩版二三，2）。

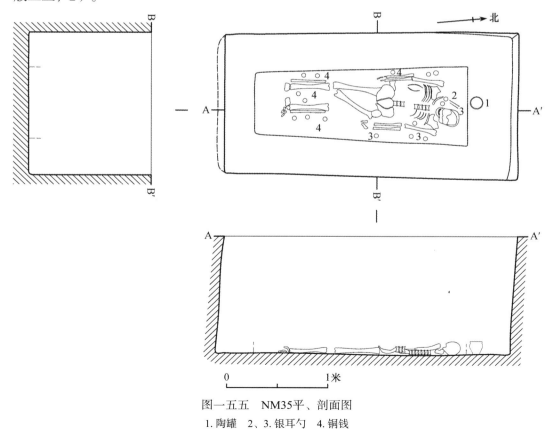

图一五五　NM35平、剖面图
1.陶罐　2、3.银耳勺　4.铜钱

　　陶罐　1件。NM35：1，轮制，红褐陶。直口，束颈，溜肩，圆腹斜收，小平底微内凹。口径11.7、底径7.3、高13厘米（图一五六，1；彩版七一，2）。

　　银耳勺　2件。素面无纹饰。NM35：2，长11.7厘米（图一五六，2；彩版七一，4）。NM35：3，素面无纹饰。长10厘米（图一五六，3；彩版七一，4）。

　　铜钱　33枚，大多已锈残。NM35：4-1，范铸，钱正面楷书，上下右左对读"万历通宝"，背素面。钱径2.51、穿径0.6、郭宽0.29、郭厚0.27厘米，钱重3.8克（图一五七，1）。NM35：4-2，范铸，钱正面楷书，上下右左对读"万历通宝"，背素面。钱径2.51、穿径0.63、郭宽0.28、郭厚0.31厘米，钱重4.5克（图一五七，2）。

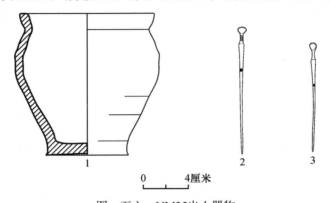

图一五六　NM35出土器物

1. 陶罐（NM35：1）　2、3. 银耳勺（NM35：2、NM35：3）

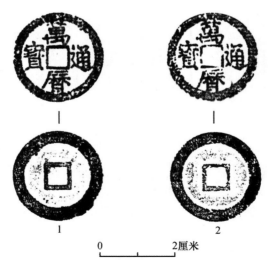

图一五七　NM35出土万历通宝

1. NM35：4-1　2. NM35：4-2

11. NM36

位于发掘区的北部，北邻NM35，南面打破NM37。开口于第2层下，打破生土层，墓向17°，土圹竖穴单棺墓。口小底大，东南角被NM37打破。墓口距地表0.5米，墓深1.5米，墓圹南北长3.5米，宽1.7—1.8米，墓底长3.7米，宽2米。

墓室填花土，木棺已朽，仅残留板灰痕迹，长2.5米，宽0.9—1米。骨架保存较好，头向北，仰身直肢，下肢微屈，为男性。棺内底部铺草木灰（图一五八；彩版二三，3）。

釉陶罐　1件。NM36：1，轮制，红陶。残剩底部。底径7.6、残高7厘米（图一五九；彩版七一，5）。

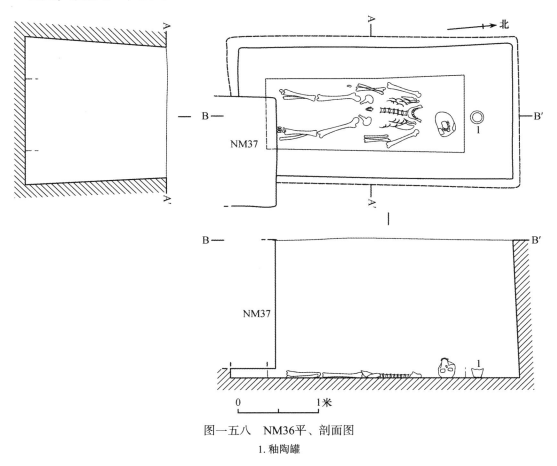

图一五八　NM36平、剖面图

1. 釉陶罐

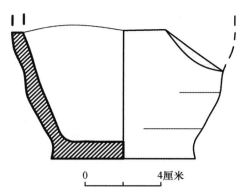

图一五九　　NM36出土釉陶罐（NM36：1）

12. NM37

位于发掘区的北部，南邻NM38，北面被NM36打破。开口于第2层下，打破生土层，墓向5°，土圹竖穴单棺墓。墓圹呈长方形，墓口距地面0.6米，墓深1.6米，南北长2.6米，宽1.2米。墓底长2.7米，宽1—1.1米。

墓室填花土，木棺已朽，仅残留板灰痕迹，长2.1米，宽0.7—0.75米。骨架保存状况较差，头向北，直肢仰身，头骨、椎骨、肢骨扰动移位，骨骼凌乱（图一六〇；彩版二三，4）。

出土随葬品有釉陶罐、玛瑙环饰及铜钱（万历通宝、天启通宝、崇祯通宝）。

釉陶罐　1件。NM37：1，红陶，轮制。敞口，束颈，圆肩，圆腹斜收，平底内凹。肩以上部位施绿釉，釉层薄。口径8.8、底径7.8、高11.4厘米（图一六一，1；彩版七二，1）。

玛瑙环饰　1件。NM37：2，圆形，中间有孔。直径1.5、孔径0.6厘米（图一六一，2；彩版七二，3）。

铜钱　15枚，大多已锈残。NM37：3-1，范铸，钱正面楷书，上下右左对读"崇祯通宝"，背素面。钱径2.6、穿径0.73、郭宽0.24、郭厚0.26厘米，钱重3.6克（图一六二，1，）。NM37：3-2，范铸，钱正面楷书，上下右左对读"天启通宝"，背面有"工"字钱局。钱径2.57、穿径0.7、郭宽0.28、郭厚0.23厘米，钱重3.4克（图一六二，2）。

13. NM38

位于发掘区的北部，南邻NM39，北邻NM37。开口于第2层下，打破生土层，墓向7°，土圹竖穴单棺墓。墓室呈长方形，东、西壁中部向内略呈弧形。墓口距地面0.5米，墓深1.2米，墓口南北长2.85米，宽1.2—1.3米。墓底长2.65米，宽1.25米。

墓室填土为灰褐色，土质松软，木棺已朽，棺板东西两侧被挤压内倾变形，长2.1米，宽0.7—0.8米。骨架保存较好，头向北，面向左侧，仰身直肢（图一六三；彩版

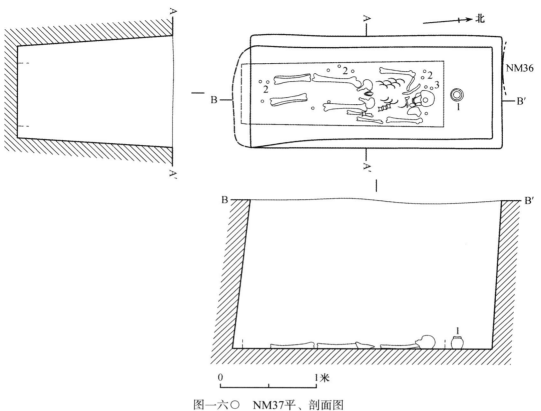

图一六〇 NM37平、剖面图

1. 釉陶罐 2. 玛瑙环饰 3. 铜钱

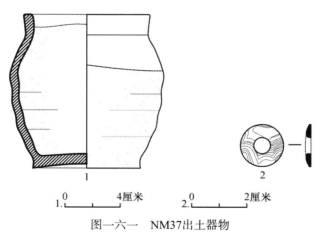

图一六一 NM37出土器物

1. 釉陶罐（NM37：1） 2. 玛瑙环饰（NM37：2）

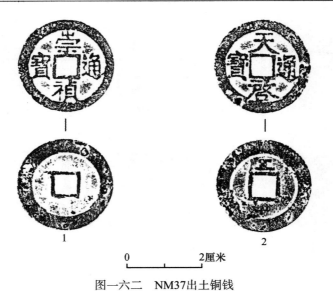

0　　　　　　　2厘米

图一六二　NM37出土铜钱

1. 崇祯通宝（NM37：3-1）　　2. 天启通宝（NM37：3-2）

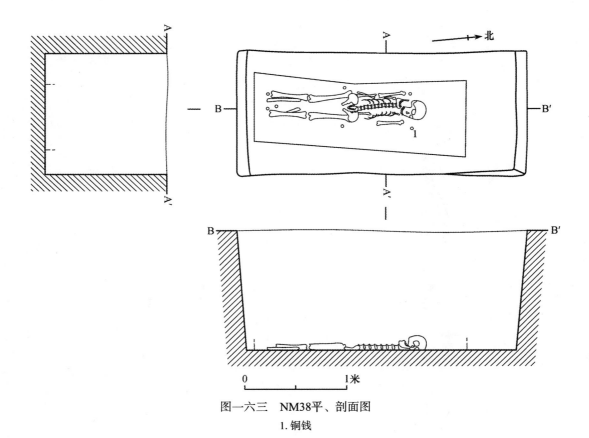

0　　　　　　　1米

图一六三　NM38平、剖面图

1. 铜钱

二四，1）。

铜钱　7枚，大多已锈残。NM38：1-1，范铸，钱正面楷书，上下右左对读"万历通宝"，背素面。钱径2.5、穿径0.65、郭宽0.25、郭厚0.26厘米，钱重3.6克（图一六四，1）。NM38：1-2，范铸，钱正面楷书，上下右左对读"万历通宝"，背素面。钱径2.47、穿径0.7、郭宽0.23、郭厚0.31厘米，钱重4.1克（图一六四，2）。NM38：1-3，范铸，钱正面楷书，上下右左对读"万历通宝"，背素面。钱径2.51、穿径0.59、郭宽0.27、郭厚0.26厘米，钱重3.2克（图一六四，3）。

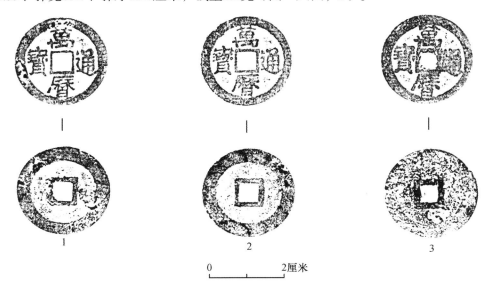

图一六四　NM38出土万历通宝
1. NM38：1-1　2. NM38：1-2　3. NM38：1-3

14. NM39

位于发掘区的北部，北邻NM38。开口于第2层下，打破生土层，墓向15°，土圹竖穴单棺墓。墓室北宽南窄呈梯形，直壁。墓口距地表0.5米，墓底距地表深1.9米。墓圹南北长2.7米，宽1.25—1.45米。

墓室填花土，葬木棺，木棺已朽，仅残留板灰痕迹，长1.9米，宽0.6—0.75米。骨架保存较好，头向北，面向上，仰身直肢葬，墓主男性。无随葬品（图一六五；彩版二四，2）。

15. NM40

位于发掘区的东北部，南邻NM41。开口于第2层下，打破生土层，墓向20°，土圹竖穴单棺墓。墓口距地表0.6米，墓底距地表深2.1米，墓圹南北长2.55—2.7米，宽1.3—1.4米，墓底长2.7—2.8米，宽1.3—1.5米。

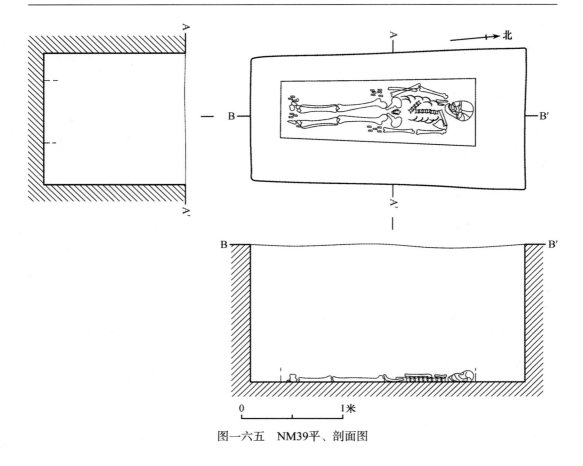

图一六五　NM39平、剖面图

墓室填花土，木棺已朽，仅残留板灰痕迹，长1.9米、宽0.5—0.65米。骨架保存完好，头向西北，仰身屈肢，墓主为男性（图一六六；彩版二四，3）。

银环　1件。NM40：1，直径1.8、内径0.6厘米（图一六七，2；彩版七二，4）。

骨管状器　1件。NM40：2。骨制，管状，顶上有拱形盖，盖面有长方形孔槽。直径4、高3.3厘米（图一六七，1；彩版七二，2）。

铜钱　16枚，大多已锈残。NM40：3-1，范铸，钱正面楷书，上下右左对读"天启通宝"，背面有"工"字。钱径2.6、穿径0.58、郭宽0.27、郭厚0.26厘米，钱重3.9克（图一六八，1）。NM40：3-2，范铸，钱正面楷书，上下右左对读"天启通宝"，背面素面。钱径2.57、穿径0.56、郭宽0.31、郭厚0.29厘米，钱重4克（图一六八，2）。NM40：3-3，范铸，钱正面楷书，上下右左对读"泰昌通宝"，背素面。钱径2.57、穿径0.57、郭宽0.3、郭厚0.28厘米，钱重3.9克（图一六八，3）。

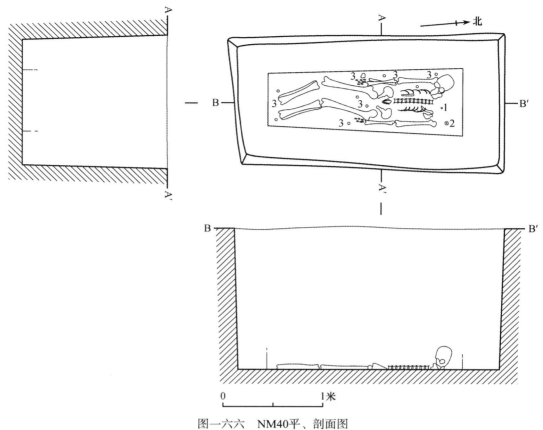

图一六六　NM40平、剖面图

1. 银环　2. 骨管状器　3. 铜钱

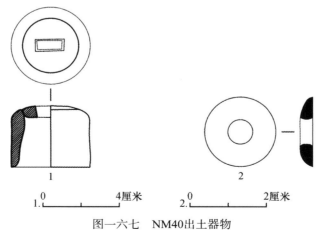

图一六七　NM40出土器物

1. 骨管状器（NM40：2）　2. 银环（NM40：1）

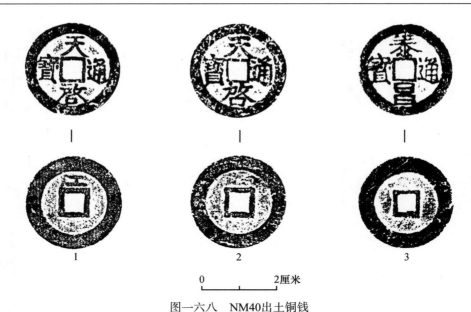

图一六八 NM40出土铜钱

1、2.天启通宝（NM40∶3-1、NM40∶3-2） 3.泰昌通宝（NM40∶3-3）

16. NM41

位于发掘区的东北部，北邻NM40。开口于第2层下，打破生土层。墓向10°，土圹竖穴单棺墓。墓室北宽南窄稍呈梯形。墓口距地面0.5米，墓底距地表深1.3米，墓圹南北长3米，宽1.2—1.3米，墓底长2.85米，宽1.05—1.15米。

墓室填花土，木棺已朽，仅残留痕迹，长2.1米，宽0.55—0.7米。骨架保存较好，头向北，面向左下方，仰身直肢，骨骼粗壮，为男性（图一六九；彩版二四，4）。

出土随葬品有陶罐、瓦当、玉串珠及铜钱。

陶罐 1件。NM41∶1，红陶，轮制。敞口，束颈，圆腹斜收，平底。口径10.8、底径6.6、高10.6厘米（图一七〇，2；彩版七三，1）。

玉串珠 1串。NM41∶2，串珠由4粒白玉珠组成，玉珠近似正圆，钻有对穿小孔。直径1.2、1.4厘米（图一七〇，3；彩版七二，5）。

瓦当 1件。NM41∶3，残。灰陶质。当面模印莲花纹。直径13.7、厚2.2厘米（图一七〇，1；彩版七三，3）。

铜钱 18枚，大多已锈残。NM41∶4-1，范铸，钱正面楷书，上下右左对读"万历通宝"，背素面。钱径2.53、穿径0.58、郭宽0.27、郭厚0.27厘米，钱重3.7克（图一七一，1）。NM41∶4-2，范铸，钱正面楷书，上下右左对读"万历通宝"，背素面。钱径2.44、穿径0.62、郭宽0.22、郭厚0.26厘米，钱重3.1克（图一七一，2）。NM41∶4-3，范铸，钱正面楷书，上下右左对读"万历通宝"，背素面。钱径2.5、穿径0.55、郭宽0.23、郭厚0.27厘米，钱重3.6克（图一七一，3）。

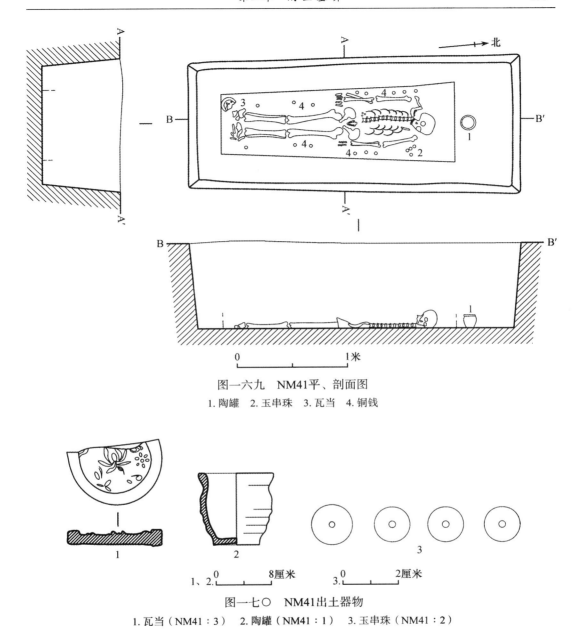

图一六九　NM41平、剖面图

1. 陶罐　2. 玉串珠　3. 瓦当　4. 铜钱

图一七〇　NM41出土器物

1. 瓦当（NM41∶3）　2. 陶罐（NM41∶1）　3. 玉串珠（NM41∶2）

17. NM42

位于发掘区的东北部，北面邻近NM41。开口于第2层下，打破生土层，方向为方向355°，土圹竖穴单棺葬。墓室北宽南窄呈梯形，直壁。墓室南北长3.1米，东西宽1.45—1.55米。墓口距地表0.6米，墓深0.8米。

墓室填土为灰褐，土质较软，包含较多的红胶泥块及石膏石粒、碎石片。棺木葬，木棺已朽，仅残留板灰痕迹，长2.1米，宽0.5—0.6米。墓室内骨架完好，头向北，

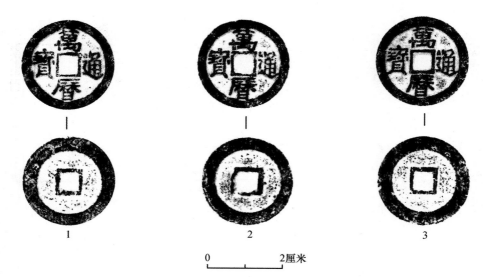

图一七一　NM41出土万历通宝
1. NM41∶4-1　2. NM41∶4-2　3. NM41∶4-3

面偏向右侧，仰身直肢，左上肢内屈，从骨骼分析墓主为男性。出土釉陶罐、铜钱（图一七二；彩版二五，1）。

釉陶罐　1件。NM42∶1，红陶，轮制。敞口，束颈，圆肩，圆腹斜收，平底内凹。肩以上部位施黄釉，釉层薄。口径9.3、底径8、高11.6厘米（图一七三；彩版七三，2）。

铜钱　25枚，大多已锈残。NM42∶2-1，范铸，钱正面篆书，上下右左对读"崇祯通宝"，背素面。钱径2.6、穿径0.67、郭宽0.24、郭厚0.23厘米，钱重3.3克（图一七四，1）。NM42∶2-2，范铸，钱正面篆书，上下右左对读"万历通宝"，背素面。钱径2.58、穿径0.64、郭宽3.1、郭厚0.25厘米，钱重3.7克（图一七四，2）。NM42∶2-3，范铸，钱正面篆书，上下右左对读"天启通宝"，背面有"工"字钱局。钱径2.52、穿径0.59、郭宽0.27、郭厚0.22厘米，钱重2.6克（图一七四，3）。

18. NM43

位于发掘区的东北部，西南邻近NM40。开口于第2层下，打破生土层，墓向5°，土圹竖穴单棺墓。墓室呈长方形，口大底小，北壁自西向东往南斜收。墓口距地表0.5米，距墓深0.8米，南北长2.8米，东西宽1.4米，墓底长2.65米，宽1.2米。

墓室填土为黄褐色花土，土质较硬，包含大量的红黏土块、石膏石粒及少量的碎石块。棺木葬，木棺已朽，仅残留板灰痕迹，底部偏向东侧，长2米，宽0.65—0.7米。墓室内骨架保存完好，头向北，面向左侧，根据骨骼判断为男性，仰身屈肢（图一七五；彩版二五，2）。

铜钱　17枚，大多已锈残。NM43∶1-1，范铸，钱正面楷书，上下右左对读"万

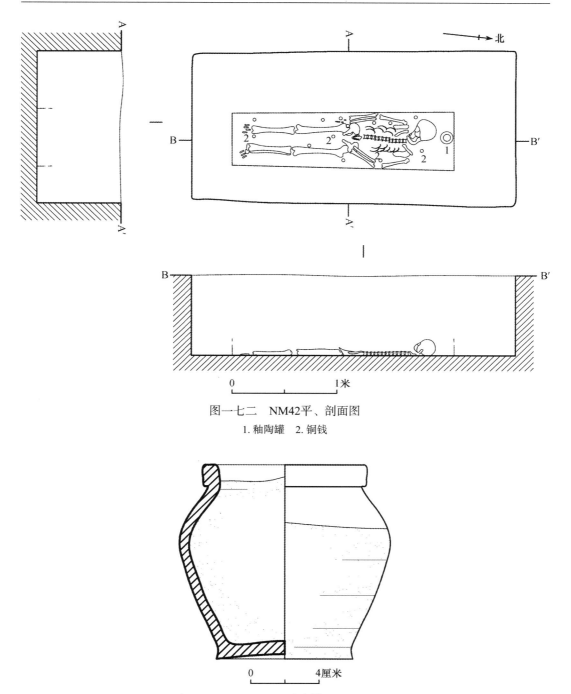

图一七二　NM42平、剖面图

1. 釉陶罐　2. 铜钱

图一七三　NM42出土釉陶罐（NM42：1）

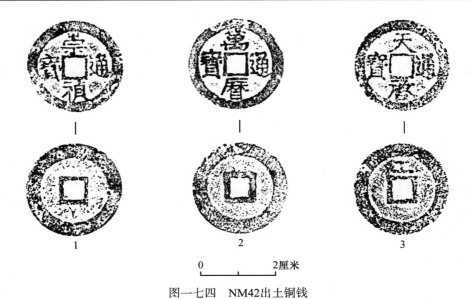

图一七四　NM42出土铜钱

1. 崇祯通宝（NM42：2-1）　　2. 万历通宝（NM42：2-2）　　3. 天启通宝（NM42：2-3）

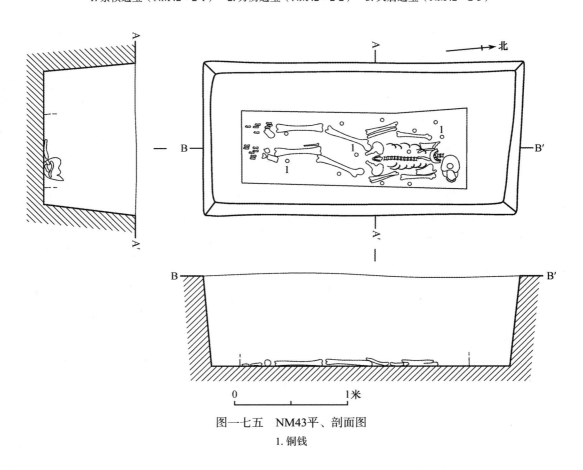

图一七五　NM43平、剖面图

1. 铜钱

历通宝"，背素面。钱径2.48、穿径0.64、郭宽0.25、郭厚0.33厘米，钱重5.1克（图一七六，1）。NM43：1-2，范铸，钱正面楷书，上下右左对读"万历通宝"，背素面。钱径2.59、穿径0.69、郭宽0.26、郭厚0.26厘米，钱重3.6克（图一七六，2）。NM43：1-3，范铸，钱正面楷书，上下右左对读"隆庆通宝"，背素面。钱径2.44、穿径0.68、郭宽0.22、郭厚0.31厘米，钱重4克（图一七六，3）。

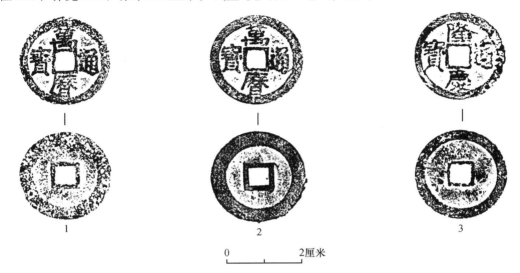

0 ————— 2厘米

图一七六　NM43出土铜钱

1、2.万历通宝（NM43：1-1、NM43：1-2）　3.隆庆通宝（NM43：1-3）

19. NM44

位于发掘区的东北部，东邻NM45、NM46。开口于第2层下，打破生土层，墓向20°，土圹竖穴单棺墓。墓室呈长方形，墓口距地表1.2米，墓底距地表深1.4米，墓圹南北长2.7米，东西宽1.2—1.5米。

墓室填黄褐色花土，土质较硬，木棺已朽，仅残留板灰痕迹，长1.95米，宽0.6—0.7米。骨架保存完好，头向北，面向上，仰身，上肢内屈，墓主为男性（图一七七；彩版二五，3）。

釉陶罐　1件。NM44：1，轮制，灰陶。直口，束颈，斜折肩，圆腹斜收，平底。肩以上部位施褐釉，釉层薄。口径9、底径8.2、高11.6厘米（图一七八，1；彩版七三，4）。

骨簪　1件。NM44：2，簪体为四棱方锥，簪首为锥台状。长8.8厘米（图一七八，4；彩版七三，5）。

铜饰件　2件。NM44：3，环状薄片，已锈残。内直径0.4、外直径1.1厘米（图一七八，2；彩版七四，1）。NM44：4，均为空心，椭圆柱体，已锈残。直径0.6—0.8、高0.7厘米（图一七八，3；彩版七四，2）。

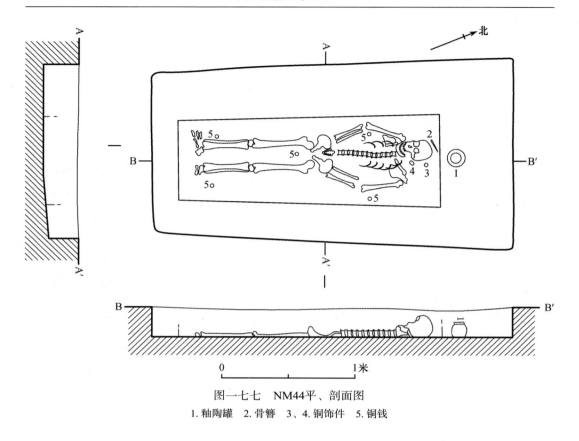

图一七七　NM44平、剖面图
1. 釉陶罐　2. 骨簪　3、4. 铜饰件　5. 铜钱

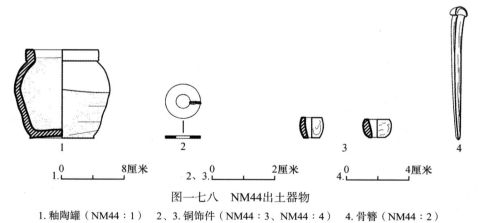

图一七八　NM44出土器物
1. 釉陶罐（NM44：1）　2、3. 铜饰件（NM44：3、NM44：4）　4. 骨簪（NM44：2）

铜钱　7枚。NM44：5-1，范铸，钱正面楷书，上下右左对读"万历通宝"，背素面。钱径2.53、穿径0.62、郭宽0.25、郭厚0.13厘米，钱重3.7克（图一七九，1）。NM44：5-2，范铸，钱正面楷书，上下右左对读"天启通宝"，背面有"工"字。钱径2.62、穿径0.57、郭宽0.32、郭厚0.13厘米，钱重3.8克（图一七九，2）。NM44：5-3，范铸，钱正面楷书，上下右左对读"泰昌通宝"，背素面。钱径2.51、穿径0.54、郭宽0.22、郭厚0.11厘米，钱重3克（图一七九，3）。

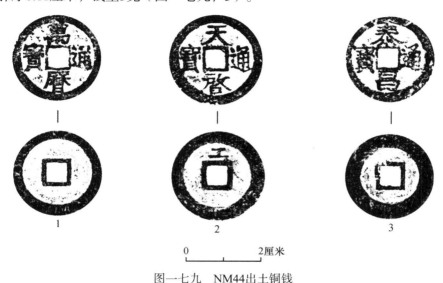

0　　　　　2厘米

图一七九　NM44出土铜钱
1. 万历通宝（NM44：5-1）　2. 天启通宝（NM44：5-2）　3. 泰昌通宝（NM44：5-3）

20. NM45

位于发掘区的东北部，西邻NM44，打破NM46。开口于第2层下，打破生土层，墓向10°，土圹竖穴单棺葬。墓室北宽南窄呈梯形，直壁。墓口距地表1.2米，残深约0.3米。墓室南北长2.9米，东西宽1—1.25米。

墓室填花土，木棺已朽，仅残留板灰痕迹，长2.3米，宽0.6—0.7米。骨架保存状况较好，头向北，面向右，仰身直肢，墓主为男性。出土随葬品有陶罐、铜钱（图一八〇；彩版二五，4）。

陶罐　1件。NM45：1，轮制，红褐陶。直口，束颈，圆肩，圆腹斜收，小平底内凹。口径9.2、底径7.3、高11.2厘米（图一八一；彩版七四，3）。

铜钱　29枚，大多已锈残。NM45：2-1，范铸，钱正面楷书，上下右左对读"天启通宝"，背面有一"工"字钱局。钱径2.54、穿径0.72、郭宽0.22、郭厚0.31厘米，钱重4.3克（图一八二，1）。NM45：2-2，范铸，钱正面楷书，上下右左对读"天启通

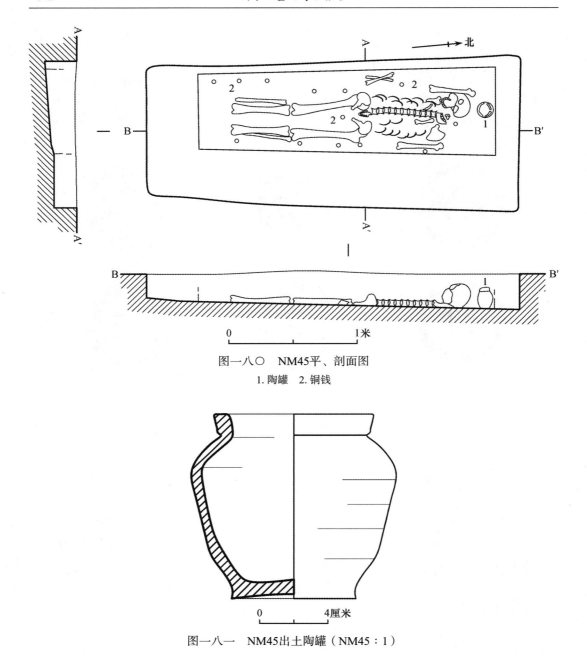

图一八〇　NM45平、剖面图

1. 陶罐　2. 铜钱

图一八一　NM45出土陶罐（NM45∶1）

宝"，背素面。钱径2.54、穿径0.64、郭宽0.26、郭厚0.29厘米，钱重4克（图一八二，2）。NM45∶2-3，范铸，钱正面楷书，上下右左对读"崇祯通宝"，背素面。钱径2.56、穿径0.68、郭宽0.28、郭厚0.31厘米，钱重4.2克（图一八二，3）。

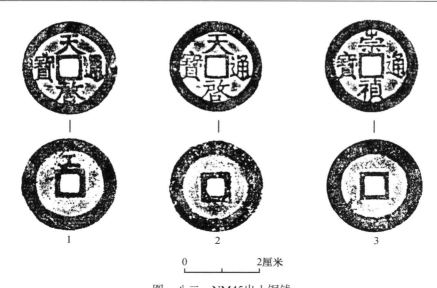

图一八二　NM45出土铜钱

1、2. 天启通宝（NM45∶2-1、NM45∶2-2）　　3. 崇祯通宝（NM45∶2-3）

21. NM49

位于发掘区的东北部，南邻NM34，被现代坑打破。开口于第2层下，打破生土层，方向为方向13°，土圹竖穴单棺墓。墓室呈长方形，墓口距地表0.6米，墓底深1.3米，南北长2.3米，东西宽1.1米，墓底距地面约2米。

墓室填土为灰褐色花土，木棺已朽，仅残留痕迹，长2米，宽0.7—0.8米。骨架保存状况较差，头向北，面向上，仰身，下肢外屈，墓主为男性（图一八三；彩版二六，1）。

随葬品有玛瑙环1件、玉饰件2件、骨管状器1件、铜饰件1件、铜钱1枚。

玛瑙环　1件。NM49∶1，玛瑙质。肉红色，圆形，圆孔。直径1.5、孔径0.6厘米（图一八四，2；彩版七四，4）。

玉饰件　2件。NM49∶2。乳黄色半透明。长方形，顶部有环，背面有固定用的穿。长4.8、宽3.2、厚0.7厘米（图一八四，3；彩版七四，5、6）。NM49∶3。青色半透明玉质。如意头形，中空。长2.6、宽1.6、厚0.9厘米（图一八四，1；彩版七五，1—3）。

骨管状器　1件。NM49∶4。残，骨制。管状，顶上有拱形盖，盖面有长方形孔槽。直径4、高3.2厘米（图一八四，4；彩版七五，4）。

铜饰件　1件。NM49∶5。残，铜制。钩状，顶上有S形挂钩，已残。残长4.3厘米（图一八四，5；彩版七五，5）。

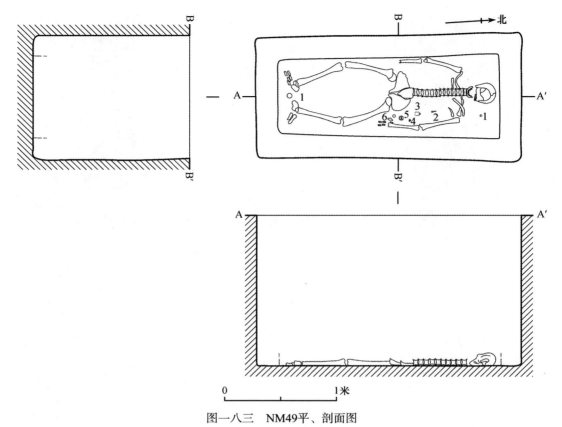

图一八三　NM49平、剖面图

1. 玛瑙环　2、3. 玉饰件　4. 骨管状器　5. 铜饰件　6. 铜钱

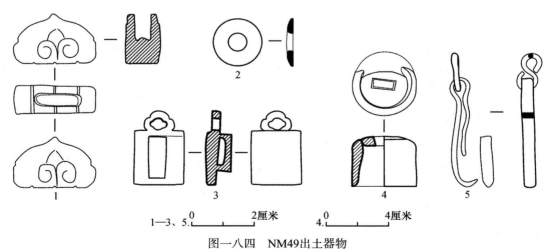

图一八四　NM49出土器物

1、3. 玉饰件（NM49：3、NM49：2）　2. 玛瑙环（NM49：1）　4. 骨管状器（NM49：4）

5. 铜饰件（NM49：5）

铜钱 1枚。NM49：6，范铸，钱正面楷书，上下右左对读"天启通宝"，背面有"户"字钱局。钱径2.6、穿径0.64、郭宽0.27、郭厚0.31厘米，钱重4.1克（图一八五）。

22. NM50

位于发掘区的中西部，北面打破NM15，并且被现代坑打破。开口于第2层下，打破生土层，墓向20°，竖穴砖室墓。墓口距地表0.4米，墓室呈长方形，残长1.6—2米，东西宽0.8米。墓室顶部遭毁坏，残深0.7米，局部墓壁宽0.2—0.25米，砖块规格不一。

墓室填土杂乱。由于该墓损毁严重，葬式、葬具不明，未发现遗物（图一八六；彩版二六，2）。

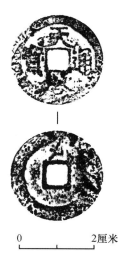

图一八五 NM49出土天启通宝
（NM49：6）

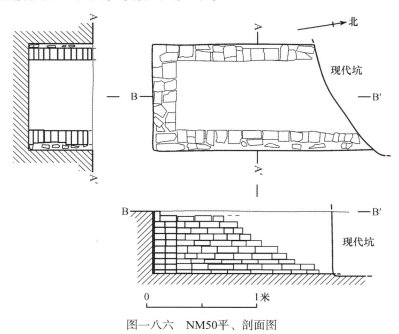

图一八六 NM50平、剖面图

23. NM51

位于发掘区的北部，南邻NM28，打破NM34。开口于第2层下，打破生土层，墓向10°，土圹竖穴单棺墓。墓室呈长方形，墓口距地表0.6米，墓底距地表深2.2米，墓圹南北长2.6米，东西宽1.2—1.4米。

墓室填花土，上部呈灰褐色，土质较软，木棺已朽，仅残留板灰痕迹，长2.1米，宽0.55—0.7米。骨架保存完好，头向北，面向上，仰身直肢，为男性（图一八七；彩版二六，3）。

釉陶罐　1件。NM51：1，灰陶，轮制。敞口，束颈，斜折肩，圆腹斜收，平底内凹。肩以上部位施褐釉，釉层薄。口径9.2、底径7.7、高11.2厘米（图一八八，1；彩版七五，6）。

金环　1件。NM51：2，圆环薄片状。素面无纹饰。直径1.5、内孔直径0.6厘米（图一八八，2；彩版七六，1）。

铜钱　44枚，大多已锈残。NM51：3-1，范铸，钱正面楷书，上下右左对读“万历通宝”，背素面。钱径2.42、穿径0.59、郭宽0.2、郭厚0.28厘米，钱重4.3克（图一八九，1）。NM51：3-2，范铸，钱正面楷书，上下右左对读“万历通宝”，背素面。钱径2.43、穿径0.6、郭宽0.22、郭厚0.23厘米，钱重3.7克（图一八九，2）。NM51：3-3，范铸，钱正面楷书，上下右左对读“天启通宝”，背面有“工”字。钱径2.58、穿径0.59、郭宽0.29、郭厚0.28厘米，钱重4.3克（图一八九，3）。

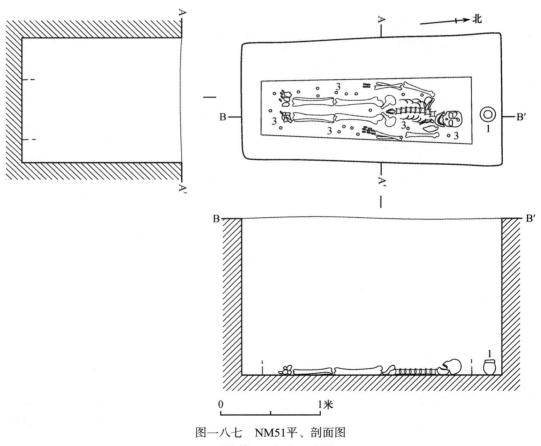

图一八七　NM51平、剖面图

1. 釉陶罐　2. 金环　3. 铜钱

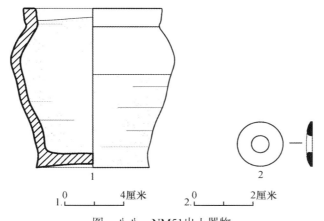

图一八八　NM51出土器物

1. 釉陶罐（NM51：1）　2. 金环（NM51：2）

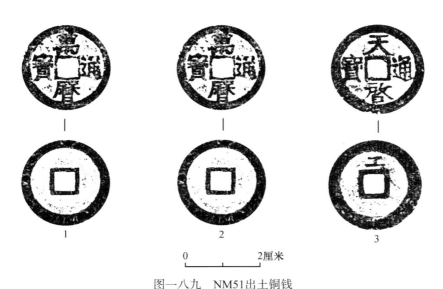

图一八九　NM51出土铜钱

1、2. 万历通宝（NM51：3-1、NM51：3-2）　3. 天启通宝（NM51：3-3）

二、砖石混构墓或石室墓

共5座，NM22、NM23、NM27、NM34、NM52（图一九〇）。

1. NM22

位于发掘区的北部，东邻NM23。开口于第2层下，打破生土层，砖石混构。墓圹呈长方形。南北长4.4米，东西宽2.8米，墓向10°，墓口距地面0.5米，墓底距地面2.6米。墓室长3.15米，宽1.55米，顶部由5块长2.4—2.6米，宽0.58—0.65米，厚

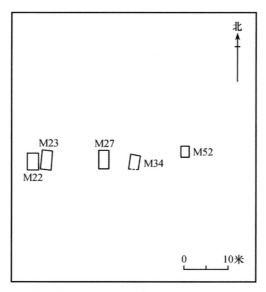

图一九〇　砖石混构墓或石室墓示意图

0.22—0.3米的石板南北向排列而成。墓室四壁用规格为0.3米×0.16米×0.06米的灰砖错缝垒筑，墓壁高1.55米。墓室中部有一棺床，南北长2.2米，东西宽0.8—0.95米，高0.26米，用砖砌筑而成，棺床中部有金井。棺床上置单棺，棺木已朽，骨架保存较好，仰身直肢，墓主为男性（图一九一；彩版二六，4；彩版二七，1）。

2. NM23

位于发掘区的北部，西邻NM22，东邻NM24。开口于第2层下，打破生土层。石室墓，墓向10°，墓圹平面呈长方形，南北长4.1米，东西宽2.65米，墓口距地表深0.6米，墓底距地表深3.5米。

墓顶用5块石板东西向平铺而成，石板规格不一，长2.4—2.6米，宽0.58—0.65米，厚0.25—0.3米。盖板之间缝隙用小石片加白灰抹平。墓室长3.2米，宽1.6米，深2米。墓室四壁用长方形石板上下叠压垒砌，石板之间缝隙用石粉加白灰黏合抹平，墓室中部设置棺床。棺床长2.5米，宽0.9米，由厚度为0.28米的石板砌筑而成，棺床中部有金井。棺床上置单棺，棺木已朽，骨架保存较好，仰身直肢，墓主为男性（图一九二；彩版二七，2、3）。

出土遗物有铜钱35枚。

铜钱　35枚。NM23：1-1，范铸，钱正面楷书，上下右左对读"大定通宝"，背面印有"酉"字。钱径2.53、穿径0.65、郭宽0.15、郭厚0.11厘米，钱重3克（图一九三，1）。NM23：1-2，范铸，钱正面篆书，顺时针旋读"元丰通宝"，背面无字。钱径2.32、穿径0.75、郭宽0.25、郭厚0.12厘米，钱重3.7克（图一九三，2）。

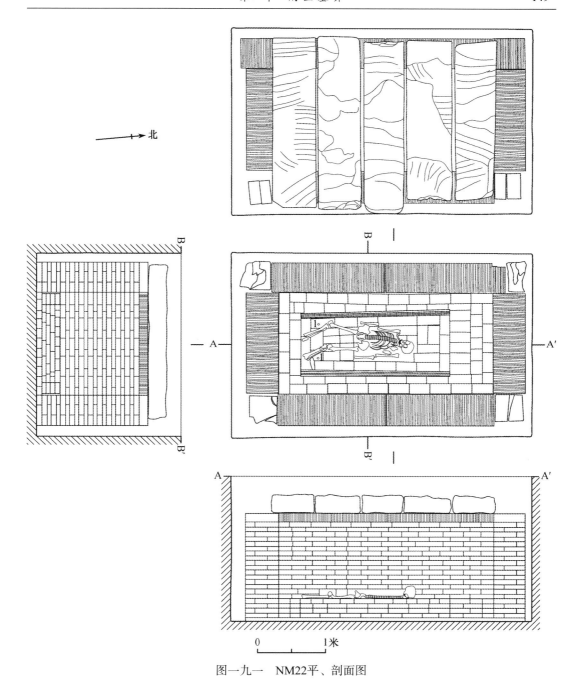

图一九一　NM22平、剖面图

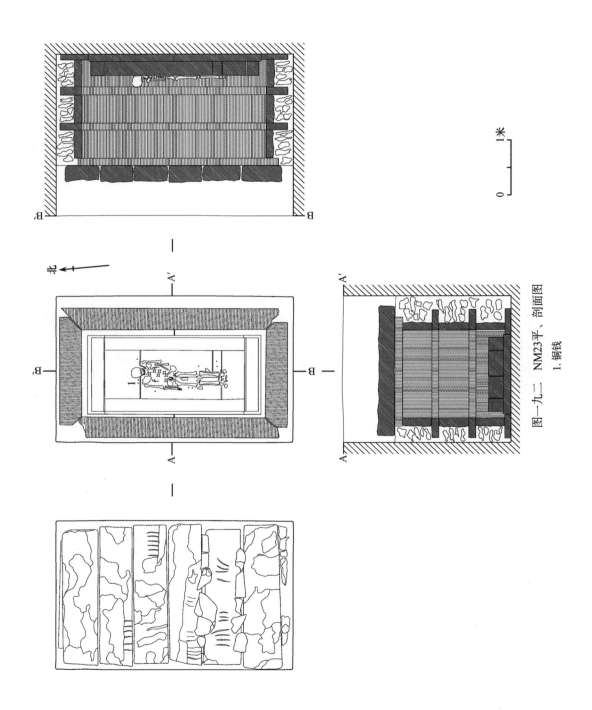

图一九三 NM23平、剖面图

1. 铜钱

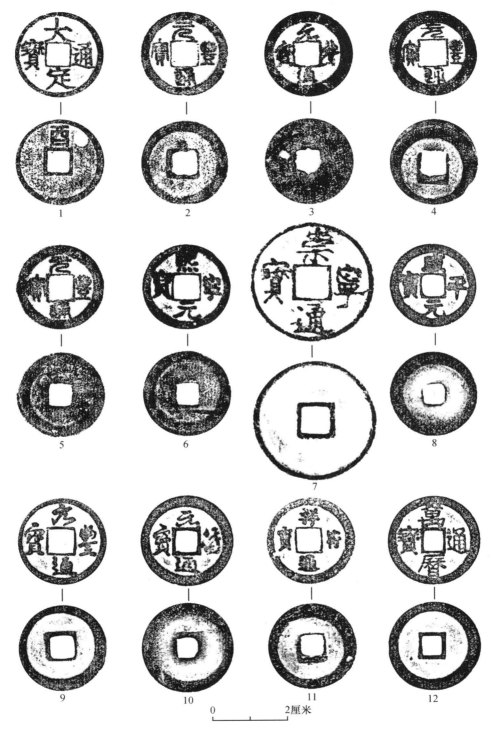

图一九三　NM23出土铜钱

1.大定通宝（NM23：1-1）　　2—5、9、10.元丰通宝（NM23：1-2、NM23：1-3、NM23：1-4、NM23：1-5、
NM23：1-9、NM23：1-10）　　6.熙宁元宝（NM23：1-6）　　7.崇宁通宝（NM23：1-7）　　8.咸平元宝
（NM23：1-8）　　11.祥符通宝（NM23：1-11）　　12.万历通宝（NM23：1-12）

NM23：1-3，范铸，钱正面行书，顺时针旋读"元丰通宝"，背面无字。钱径2.45、穿径0.76、郭宽0.37、郭厚0.12厘米，钱重3.1克（图一九三，3）。NM23：1-4，范铸，钱正面篆书，顺时针旋读"元丰通宝"，背面无字。钱径2.36、穿径0.77、郭宽0.22、郭厚0.12厘米，钱重4克（图一九三，4）。NM23：1-5，范铸，钱正面篆书，顺时针旋读"元丰通宝"，背面无字。钱径2.38、穿径0.69、郭宽0.29、郭厚0.12厘米，钱重5.2克（图一九三，5）。NM23：1-6，范铸，钱正面楷书，顺时针旋读"熙宁元宝"，背面无字。钱径2.35、穿径0.73、郭宽0.23、郭厚0.11厘米，钱重3克（图一九三，6）。NM23：1-7，范铸，钱正面楷书，顺时针旋读"崇宁通宝"，背面无字。钱径3.33、穿径0.96、郭宽0.11、郭厚0.31厘米，钱重10克（图一九三，7）。NM23：1-8，范铸，钱正面楷书，顺时针旋读"咸平元宝"，背面无字。钱径2.38、穿径0.62、郭宽0.23、郭厚0.21厘米，钱重2.7克（图一九三，8）。NM23：1-9，范铸，钱正面篆书，顺时针旋读"元丰通宝"，背面无字。钱径2.51、穿径0.76、郭宽0.16、郭厚0.14厘米，钱重3.5克（图一九三，9）。NM23：1-10，范铸，钱正面篆书，顺时针旋读"元丰通宝"，背面无字。钱径2.51、穿径0.73、郭宽0.26、郭厚0.14厘米，钱重3克（图一九三，10）。NM23：1-11，范铸，钱正面楷书，顺时针旋读"祥符通宝"，背面无字。钱径2.48、穿径0.76、郭宽0.24、郭厚0.16厘米，钱重2.5克（图一九三，11）。NM23：1-12，范铸，钱正面篆书，顺时针旋读"万历通宝"，背面无字。钱径2.48、穿径0.58、郭宽0.24、郭厚0.26厘米，钱重3.9克（图一九三，12）。

3. NM27

位于发掘区的北部，东面邻近NM34。开口于第2层下，打破生土层，方向10°。石室墓，单棺葬，南北方向，直壁。墓口距地表0.6米，墓深3.3米。墓圹平面北宽南窄呈梯形，长4.55米，东西宽2.7—2.8米，墓室开口距土圹开口深1.3米，墓室与土圹四周用灰褐土搅拌白灰、碎石片及卵石填筑。

墓室呈长方形，南北长3.1米，东西宽1.58米，深2米。墓口四周用宽0.3—0.35米、厚约0.6米的石条平铺，共五块，规格大小不同（南部第二块断裂陷落至墓室内），长2.2—2.4米，宽0.6—0.75米，厚0.22—0.28米。墓室四壁用青石板砌筑，石板之间的缝隙用白灰泥黏合抹平，其砌法为每平铺一块石板再竖立一块，上下共七层。墓室底部设有一"金井"，南北长1.8米，东西宽0.6米，深0.1米，为放置棺木之处。棺木已朽，仅残留朽木痕迹及铁钉。骨架保存较差，头向北，面向、葬式不明，为男性（图一九四；彩版二七，4；彩版二八，1）。

出土随葬品有玉带一条及铜带扣。

玉带　1条。NM27：1，出土时散落在石棺床上，已失去原连缀顺序。现残剩15块玉带板。白玉泛灰，局部现白色土沁，玉质差，背面在透雕纹饰空隙间残留有锈蚀的用于连缀的铜丝。可辨出辅弼3块，圆桃6块，鱼尾2块，排方或三台共计

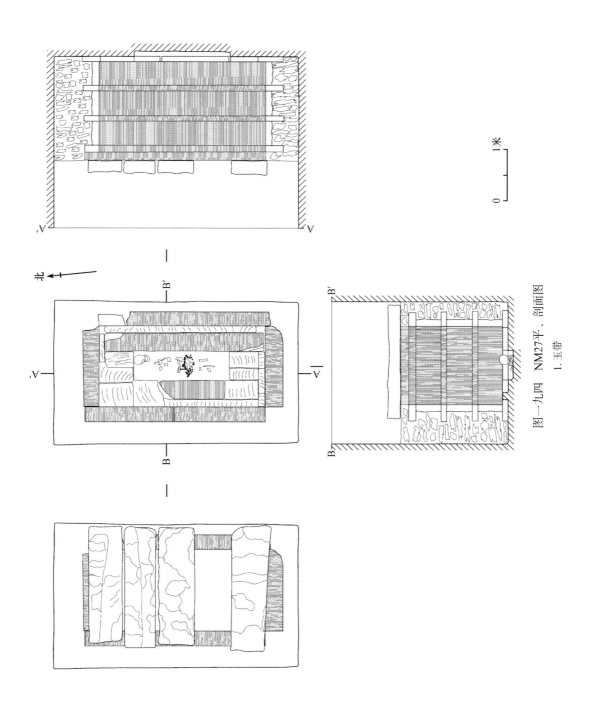

图一九四　NM27平、剖面图

1. 玉带

4块，　4块三台或排方玉带板尺寸为长7.9、宽2.1、厚0.6厘米。透雕有纹饰，题材为花卉纹，雕刻不甚精细。另有铜带扣一件，残损严重。残长2.3、残宽2.1厘米（图一九五；彩版七六，3）。

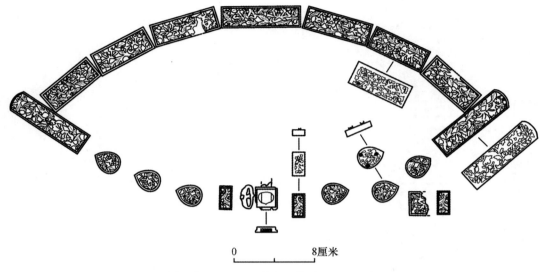

图一九五　　NM27出土玉带（NM27∶1）

4. NM34

位于发掘区的北部，南邻NM33，分别被NM28和NM51打破。开口于第2层下，打破生土层，墓向355°，竖穴土圹石室墓。墓口距地表0.5米，墓底距地表3米。墓室平面形状呈长方形，南部被NM28打破，底部残长3.05米，宽2米，残高2.74米。

墓室毁坏严重，墓底用不规整的单层石块铺成。墓室内填土为灰褐色土、质地坚硬。墓壁用不规整的石块或卵石混合灰土砌筑，厚0.45—0.6米，墓壁破损处露出石块，表面抹有白灰面，厚约3厘米。

该墓残损严重，葬具、人骨等不明，未发现随葬品（图一九六；彩版二八，2）。

5. NM52

位于发掘区的北部，东南面邻近NM43。开口于第2层下，打破生土层，墓向为10°，石室墓。土圹长4.1米，宽3.2米，墓口距地表深0.6米，墓底距地表深2.7米。墓室长3.1米，宽1.7米。墓顶用5块石板呈东西向平铺而成，墓室四壁用不规则石块上下叠压垒砌，四壁边沿用条石平砌。中间设置棺床。棺床长2.3米，宽1.6米，由7块石板砌筑而成。棺床上置单棺，棺木已朽，骨架保存较好，头向北，仰身屈肢，墓主为男性（图一九七；彩版二八，3；彩版二九，1）。

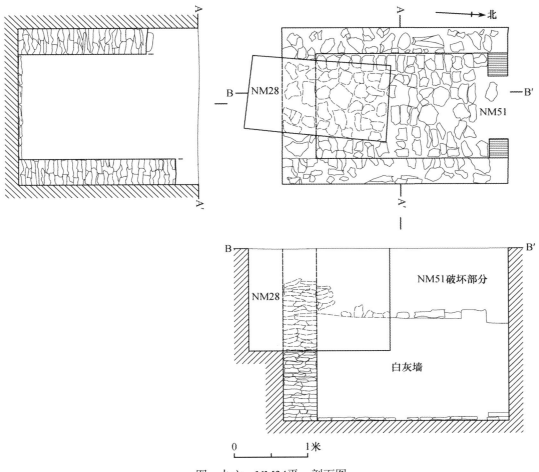

图一九六　NM34平、剖面图

　　釉陶罐　1件。NM52：1，轮制，灰陶。直口，束颈，斜折肩，圆腹斜收，平底内凹。肩以上部位施褐釉，釉层薄。口径9、底径7.5、高11.4厘米（图一九八，1；彩版七六，2）。

　　玉饰件　2件。似为带饰。NM52：2，白玉质，长方形，中间有长方形孔，长1.9、宽1.1、厚0.7厘米（图一九八，2；彩版七七，1、2）。NM52：3，白玉质，如意头形，中间有穿孔，长2.7、宽2.3厘米（图一九八，3；彩版七七，3—5）。

　　铜钱　14枚，大多已锈残。NM52：4-1，范铸，钱正面楷书，上下右左对读"万历通宝"，背素面。钱径2.34、穿径0.59、郭宽0.28、郭厚0.27厘米，钱重3.1克（图一九九，1）。NM52：4-2，范铸，钱正面楷书，上下右左对读"万历通宝"，背素面。钱径2.33、穿径0.65、郭宽0.28、郭厚0.25厘米，钱重2.9克（图一九九，2）。

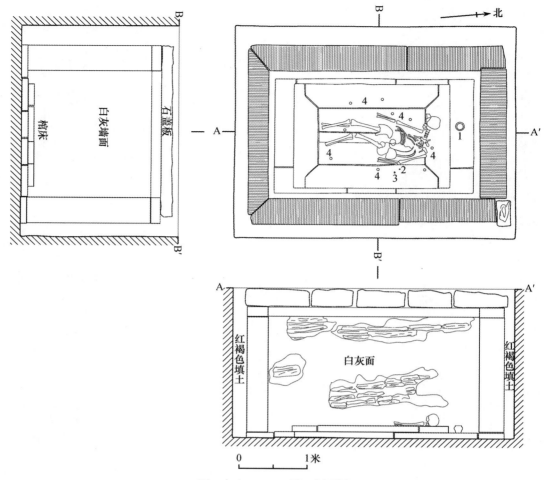

图一九七　NM52平、剖面图

1.釉陶罐　2、3.玉饰件　4.铜钱

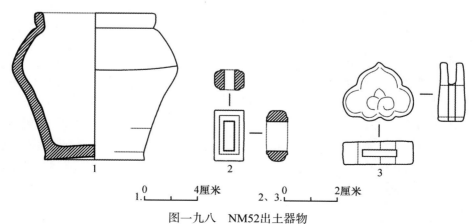

图一九八　NM52出土器物

1.釉陶罐（NM52：1）　2、3.玉饰件（NM52：2、NM52：3）

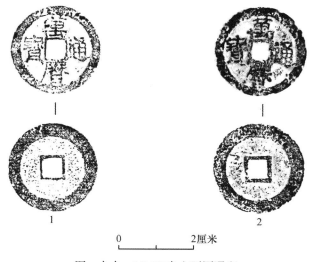

0　　　　　　2厘米

图一九九　　NM52出土万历通宝

1. NM52：4-1　　2. NM52：4-2

第五节　清代墓葬

包括NM1—NM8、NM48共9座墓葬。除NM48外，其余8座墓葬均位于发掘区南部。均为竖穴土圹墓。有单棺、双棺葬之分。以下按此分类进行介绍（图二○○）。

一、单棺葬

4座。

1. NM4

位于发掘区的东南部，东南邻近NM2。开口于第1层下，打破生土层，竖穴土圹单室墓，墓口呈长方形，直壁平底，墓向为

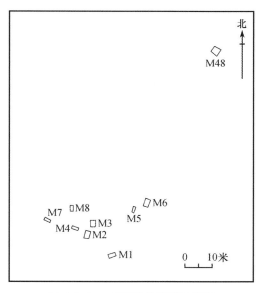

图二○○　　南区清代墓葬示意图

95°。墓圹长2.5米，宽1.1米，墓口距地表深0.4米，现存墓口至墓底深0.9米。墓室内填花土，土质松散。棺木已朽，长2米，宽0.6—0.8米。骨架保存较好，仰身直肢，为男性（图二○一；彩版二九，2）。

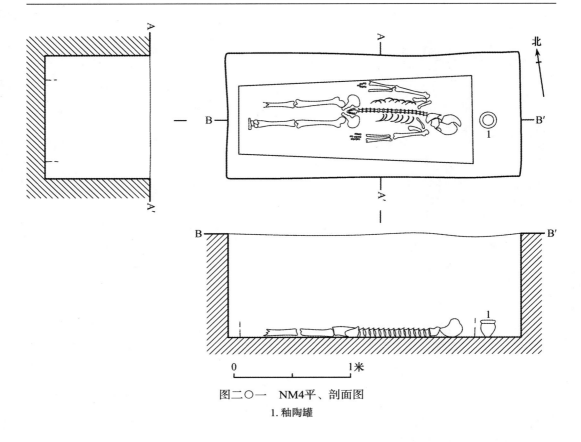

图二〇一　NM4平、剖面图
1. 釉陶罐

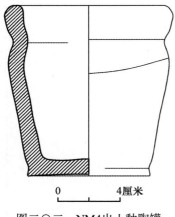

图二〇二　NM4出土釉陶罐
（NM4：1）

釉陶罐　1件。NM4：1，红褐色陶。敞口，束颈，圆腹，平底微内凹。颈部以上施薄釉。口径10.4、高11.2、底径7.8厘米（图二〇二；彩版七八，1）。

2. NM5

位于发掘区的东南部，东北面为NM6。开口于第1层下，打破生土层，竖穴土圹单室墓，墓口呈长方形，直壁平底，墓向为20°。墓圹长2.6米，宽1.2—1.3米，墓底长2.4米，宽1.05—1.1米；墓口距地表深0.6米，现存墓口至墓底深约0.7米。

墓室内填花土，土质松散，夹杂少量瓷片。葬有木棺，棺木已朽，仅存板灰痕迹，痕迹长约2米，宽0.7—0.8米。骨架保存较好，仰身直肢，为女性（图二〇三；彩版二九，3）。

出土随葬品有釉陶罐、金玉耳环、金头饰、金簪、银簪、银鎏金发簪、铜戒指。

釉陶罐　1件。NM5：1，褐色陶。敞口，束颈，圆腹，平底微内凹。颈部以上施

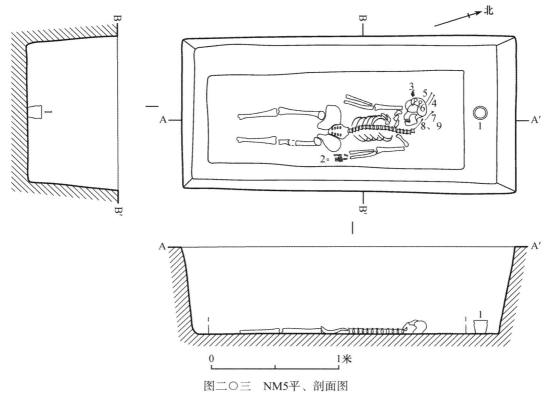

图二○三　NM5平、剖面图

1.釉陶罐　2.铜戒指　3.金头饰　4、5.金簪　6.金玉耳环　7.银鎏金发簪　8、9.银簪

薄釉。口径9.7、高11.3、底径7.8厘米（图二○四，1；彩版七八，2）。

铜戒指　1件。NM5：2，直径1.7厘米（图二○四，8；彩版七八，3）。

金头饰　1件。NM5：3，累丝形成花叶纹及鸟纹。残长6.2、残宽2.9厘米（图二○四，6；彩版七八，4）。

金簪　2件。NM5：4，簪首为三层花瓣。簪长9.6厘米（图二○四，2；彩版七九，1）。NM5：5，簪首为三层花瓣。簪长9.7厘米（图二○四，3；彩版七九，1）。

金玉耳环　1对。NM5：6，金环下连珍珠耳坠。残长6.8厘米（图二○四，7；彩版七九，2）。

银鎏金发簪　1对。NM5：7，簪首作盛开的三层花瓣状。簪长9.7厘米（图二○四，4；彩版七九，3）。

银簪　2件。NM5：8，簪首为圆形素面，捆绑有铜丝。簪长7.9厘米（图二○四，5；彩版七九，4）。NM5：9，簪首为圆形素面。簪长10厘米（图二○四，9；彩版七九，4）。

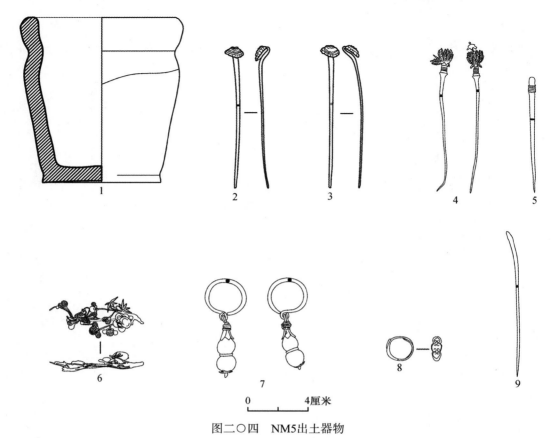

图二〇四　　NM5出土器物

1. 釉陶罐（NM5：1）　　2、3.金簪（NM5：4、NM5：5）　　4.银鎏金发簪（NM5：7）　　6.金头饰（NM5：3）
7. 金玉耳环（NM5：6）　　8.铜戒指（NM5：2）　　5、9.银簪（NM5：8、NM5：9）

3. NM7

位于发掘区的东南部。开口于第1层下，打破生土层，竖穴土圹单室墓，开口呈长方形，直壁平底，墓向105°。墓圹长2.45米，宽1.1—1.2米，墓口距地表深0.7米，墓口至墓底深度约1米。

墓室内填花土，土质松散。棺木已朽，棺木痕迹长约2米，0.6—0.8米。骨架保存较好，头向东，仰身下肢外屈，墓主为男性（图二〇五；彩版二九，4）。

出土随葬品有釉陶罐、铜钱。

釉陶罐　1件。NM7：1，红褐色陶。敞口，束颈，圆腹，平底内凹。中腹部以上施薄釉。口径9.8、高12、底径7.7厘米（图二〇六；彩版八〇，2）。

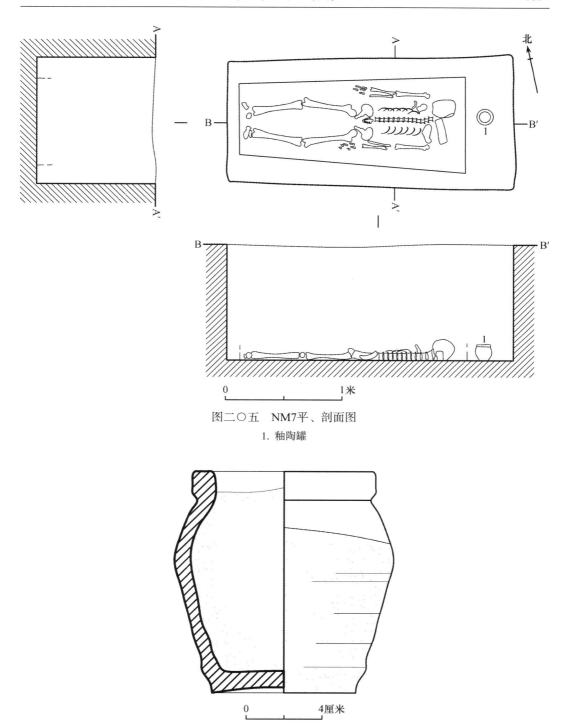

图二〇五　NM7平、剖面图
1. 釉陶罐

图二〇六　NM7出土釉陶罐（NM7：1）

4. NM8

位于发掘区的东南部。开口于第1层下，打破生土层，竖穴土圹单室墓，开口为长方形，直壁平底，墓向350°。墓圹长2.4米，宽1.5米，墓口距地表深0.4米，墓口至墓底深度约0.9米。内填花土，土质松散。棺木已朽，棺底有白灰，棺木痕迹长约1.9米，宽0.6米。骨架保存较差，头向北，仰身直肢，性别不明。未出土随葬品（图二〇七；彩版三〇，1）。

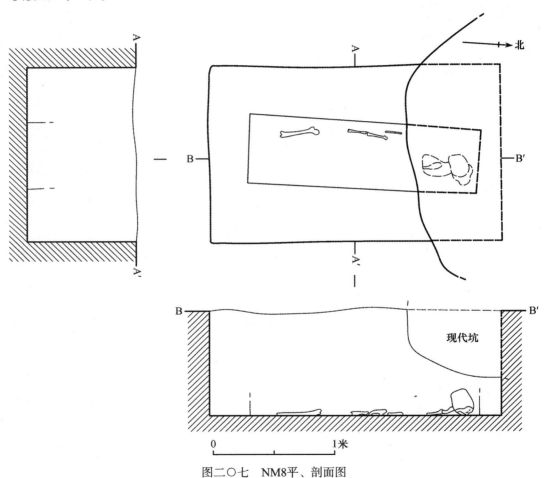

图二〇七　NM8平、剖面图

二、双 棺 葬

5座。

1. NM1

位于发掘区的东南部,西北邻近NM2。开口于第1层下,打破生土层,竖穴土圹双室墓,开口呈长方形,直壁平底,墓向为85°。墓圹长3米,宽1.4米,墓口距地表深0.5米,墓口至墓底深0.9米。墓室内填花土,土质松散。棺木已朽,南棺痕迹长约1.7、宽0.45—0.55米;北棺痕迹长1.9、宽0.6—0.7米。骨架保存一般,北棺为男性,仰身,下肢外屈;南棺为女性,仰身直肢(图二〇八;彩版三〇,2)。

出土随葬品有釉陶罐、银耳环。

釉陶罐 1件。NM1:1,红褐色陶,敞口,束颈,圆腹,平底微内凹。颈部以上施薄釉。口径10.5、高11.3、底径7.8厘米(图二〇九,1;彩版八〇,3)。

银耳环 1副4只。NM1:2,乌黑色。环形。直径0.7厘米(图二〇九,2;彩版八〇,1)。

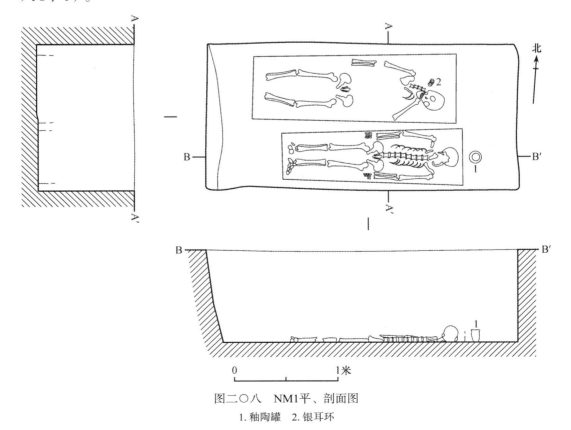

图二〇八 NM1平、剖面图

1. 釉陶罐 2. 银耳环

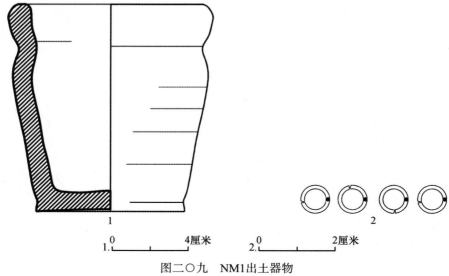

图二〇九　NM1出土器物

1. 釉陶罐（NM1∶1）　　2. 银耳环（NM1∶2）

2. NM2

位于发掘区的东南部，东北和西北分别邻近NM3、NM4。开口于第1层下，打破生土层，竖穴土圹双室墓，开口呈长方形，直壁平底，墓向5°。墓圹长2.5—2.75米，宽1.8米，墓口距地表深0.5米，墓口至墓底深约0.7米。

墓室内填花土，土质松散。葬两具棺木，棺木已朽，东棺痕迹长约1.9、宽0.6—0.8米，底部有草木灰；西棺痕迹长2、宽0.55—0.65米。东棺内葬一男性，仰身直肢，骨架保存较差；西棺内葬一女性，仰身直肢，骨架保存较好（图二一〇；彩版三〇，3）。

出土随葬品有釉陶罐、铜鎏金带扣、铜钱。

釉陶罐　1件。NM2∶1，红褐色陶。敞口，束颈，圆腹，平底微内凹。颈部以上施薄釉。口径9.7、高11.3、底径7.8厘米（图二一一，1；彩版八〇，4）。

铜鎏金带扣　1件。NM2∶2，正面嵌肉红色宝石，背面为两个方形穿孔。长3.6、宽2.7厘米（图二一一，2；彩版八一）。

铜钱　2枚。NM2∶3-1，范铸，钱正面楷书，上下右左对读"乾隆通宝"，背面有"宝泉"字钱局。钱径2.4、穿径0.66、郭宽0.32、郭厚0.27厘米，钱重3.6克（图二一二）。

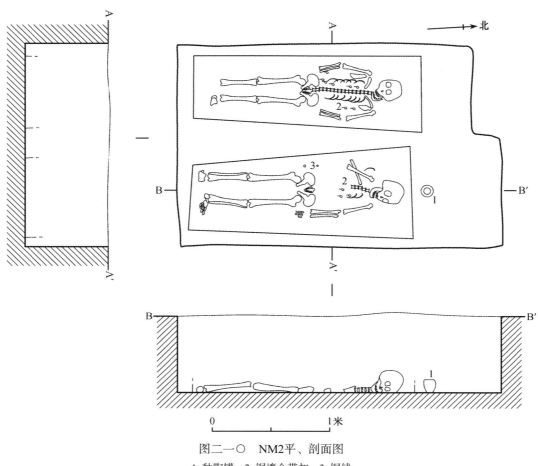

图二一〇　NM2平、剖面图

1.釉陶罐　2.铜鎏金带扣　3.铜钱

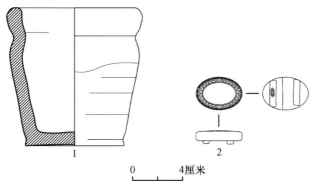

图二一一　NM2出土器物

1.釉陶罐（NM2∶1）　　2.铜鎏金带扣（NM2∶2）

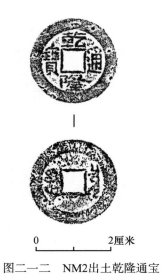

图二一二　NM2出土乾隆通宝
（NM2：3-1）

3. NM3

位于发掘区的东南部，西南邻近NM2。开口于第1层下，打破生土层，竖穴土圹双室墓，开口呈长方形，直壁平底，墓向355°。墓圹长2.6米，宽1.5—1.8米，墓口距地表深0.5米，墓口至墓底深约1.2米。墓室内填花土，土质松散。葬两具棺木，均已朽，仅残存棺木痕迹。东棺残痕长1.9米，宽0.5—0.6米；西棺残痕长2米，宽0.7—0.8米。骨架保存差，仰身直肢，东棺为男性，西棺为女性（图二一三；彩版三一，1）。随葬品有釉陶罐、金耳环、银簪、铜扣、铜钱（康熙通宝）。

釉陶罐　1件。NM3：1，红褐色陶。敞口，束颈，圆腹，平底内凹。颈部以上施薄釉。口径9.4、高12、底径7.6厘米（图二一四，1；彩版八二，1）。

金耳环　2件。NM3：2，直径1.4厘米（图二一四，6；彩版八二，2）。NM3：3，直径1.4厘米（图二一四，7；彩版八二，3）。

银簪　6件。NM3：4，簪首作盛开的三层花瓣状，残长10.1厘米（图二一四，2；彩版八二，4）。NM3：5，残长7.6厘米（图二一四，3；彩版八二，5）。NM3：6，簪首作龙头状。簪长9.6厘米（图二一四，9；彩版八二，6）。NM3：7，簪长9.6厘米（图二一四，10；彩版八三，1）。NM3：8，簪首为圆形。长9.9厘米（图二一四，5；彩版八三，2）。NM3：9，长7厘米（图二一四，4；彩版八三，3）。

铜扣　2件。NM3：10，铜扣圆形，下面是花瓣形，顶部为挂钩。直径1.2厘米（图二一四，8；彩版八三，4、5）。

铜钱　3枚。NM3：11-1，范铸，钱正面楷书，上下右左对读"康熙通宝"，背面有"宝泉"字钱局。钱径2.32、穿径0.63、郭宽0.27、郭厚0.23厘米，钱重3.1克（图二一五，1）。NM3：11-2，范铸，钱正面楷书，上下右左对读"康熙通宝"，背面有"宝源"字钱局。钱径2.35、穿径0.64、郭宽0.24、郭厚0.21厘米，钱重2.9克（图二一五，2）。

4. NM6

位于发掘区的东南部，西南面为NM5。开口于第1层下，打破生土层，竖穴土圹双室墓，墓圹为长方形，直壁平底，墓向为15°。墓圹长2.8米，宽2.4—2.5米，墓口距地表深0.6米，墓口至墓底深度约0.9米。内填黄褐色细砂土，棺木已朽，仅存棺木痕迹，西棺未发现人体骨架。东棺长1.9米，宽0.6—0.8米，骨架保存较好，仰身下肢外屈，为男性（图二一六；彩版三一，2）。

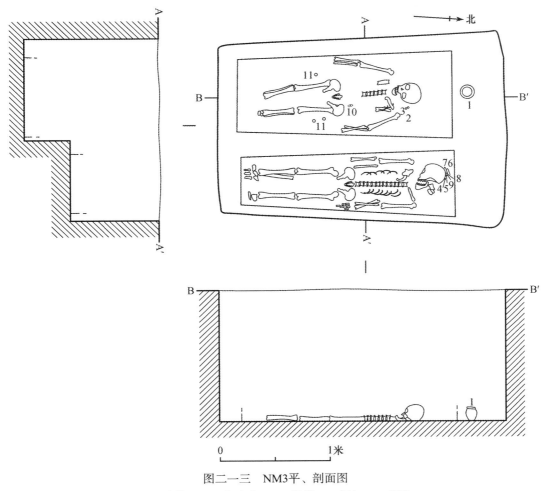

图二一三　NM3平、剖面图

1. 釉陶罐　2、3. 金耳环　4—9. 银簪　10. 铜扣　11. 铜钱

出土随葬品有瓷罐、铜钱（顺治通宝、康熙通宝）。

白瓷罐　1件。NM6：1，灰白胎，敷化妆土，透明釉，釉面开细小纹片。未发现盖，莲子式罐，直口，短直颈，溜肩，圆腹缓收，圈足矮不明显。口径6、高10、足径4.3厘米（图二一七，2；彩版八四，1）。

黑瓷罐　1件。NM6：2，灰白胎，黑釉，施釉不到底。敛口，短颈，鼓肩，圆腹，胫部略外撇，矮圈足。口径8.9、高11.8、足径7.1厘米（图二一七，3；彩版八四，2）。

紫砂器盖　1件。NM6：3，紫褐色，子母口，拱顶，宝珠纽，盖口径5.6、高5.2厘米（图二一七，1；彩版八四，3）。

铜钱　27枚，大多已锈残。NM6：4-1，范铸，钱正面楷书，上下右左对读"顺治通宝"，背面有满文"宝源"字钱局。钱径2.67、穿径0.63、郭宽0.24、郭厚0.27厘米，钱重4.1克（图二一八，1）。NM6：4-2，范铸，钱正面楷书，上下右左对读"顺

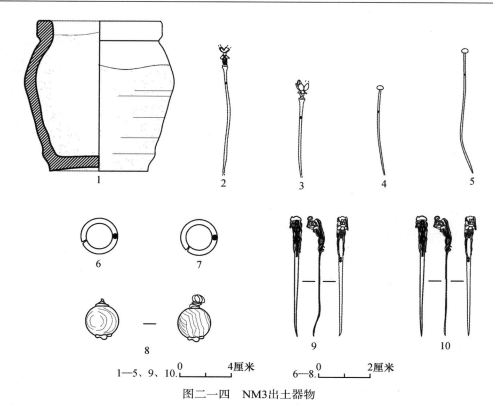

图二一四　NM3出土器物

1. 釉陶罐（NM3：1）　2—5、9、10. 银簪（NM3：4、NM3：5、NM3：9、NM3：8、NM3：6、NM3：7）

6、7. 金耳环（NM3：2、NM3：3）　8. 铜扣（NM3：10）

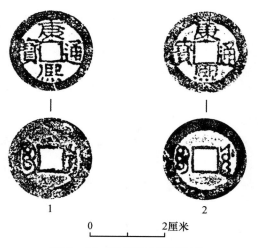

图二一五　NM3出土康熙通宝

1. NM3：11-1　2. NM3：11-2

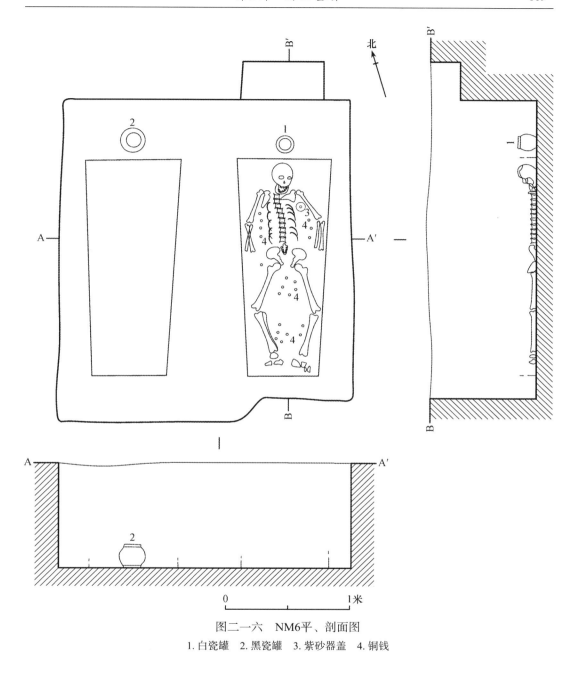

图二一六 NM6平、剖面图
1. 白瓷罐 2. 黑瓷罐 3. 紫砂器盖 4. 铜钱

治通宝",背面有满汉文"宣"字钱局。钱径2.69、穿径0.64、郭宽0.33、郭厚0.31厘米,钱重4.4克(图二一八,2)。NM6:4-3,范铸,钱正面楷书,上下右左对读"康熙通宝",背面有满汉文"东"字钱局。钱径2.55、穿径0.58、郭宽0.26、郭厚0.31厘米,钱重4.5克(图二一八,3)。NM6:4-4,范铸,钱正面楷书,上下右左对读"康熙通宝",背面有满文"宝泉"字钱局。钱径2.76、穿径0.71、郭宽0.3、郭厚0.27厘米,钱重4.3克(图二一八,4)。

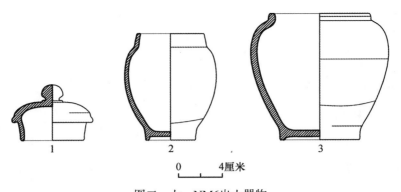

图二一七　NM6出土器物

1. 紫砂器盖（NM6：3）　2. 白瓷罐（NM6：1）　3. 黑瓷罐（NM6：2）

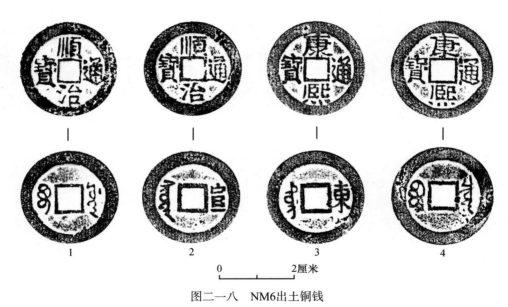

图二一八　NM6出土铜钱

1、2. 顺治通宝（NM6：4-1、NM6：4-2）　3、4. 康熙通宝（NM6：4-3、NM6：4-4）

5. NM48

位于发掘区的中东部。开口于第1层下，打破生土层，被现代水管打破，墓向320°，土坑竖穴双棺葬。墓室平面呈方形，直壁，边长2.5米，墓口距地表0.7米，距墓底深0.8—1米。

墓室填土为黄褐色花土，土质较软，包含有较多碎石片。木棺已朽，仅残留板灰痕迹，长1.7米，宽0.6—0.7米。墓室内葬南、北两具棺木。南棺内骨架保存较好，头向西，面偏向右侧，仰身屈肢，为女性；北棺内骨架保存较差，可辩为男性（图二一九；彩版三一，3）。

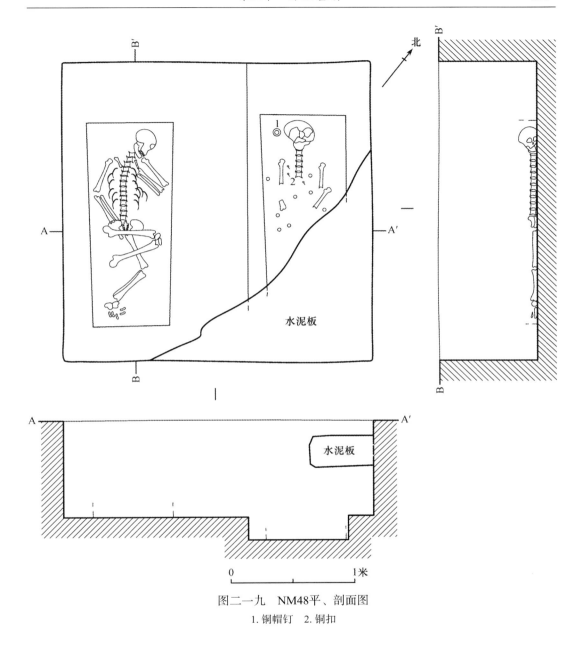

图二一九　NM48平、剖面图

1.铜帽钉　2.铜扣

出土随葬品有铜顶戴、铜扣。

铜帽钉　1件。NM48：1，铜质，已残，只留莲瓣纹底座和上部固定垫片。底座直径2.2、残高1.6厘米，垫片直径1.6厘米（图二二〇，1；彩版八四，4）。

铜扣　3件。NM48：2，铜质，已残，圆形。直径1厘米（图二二〇，2；彩版八三，6）。

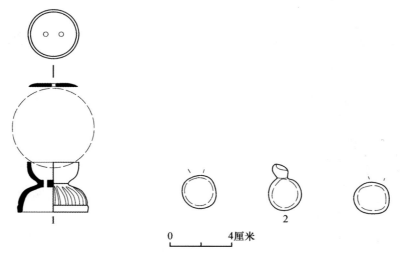

图二二〇　　NM48出土器物

1. 铜帽钉（NM48∶1）　　2. 铜扣（NM48∶2）

第四章 结 语

第一节 北区汉墓的年代

　　北区共发现5座汉墓，分布相对集中，墓向基本一致，形制相同，均为竖穴土坑墓，木棺带头厢。且出土器物具有相同的器物组合以及形制。如BM21、BM24都随葬一套鼎、壶、盒的陶器组合，BM21与BM2出土相同的铜镜、铜带钩。BM20、BM21、BM24、BM28出土的壶形制接近，彩绘风格一致，BM21、BM24、BM28出土的鼎形制比较接近，均施彩绘。BM20、BM24、BM28出土的盒风格类似。据此认为北区5座汉墓年代相距较近，属同一时期。

　　在北京地区汉代墓葬资料中，与何家坟北区这5座汉墓可以对比的资料有两处，一是2004年五棵松体育馆M18[①]，一是2013年永定门外西革新里汉墓[②]。BM24、BM28都随葬一套鼎、壶、盒的陶器组合与五棵松体育馆M18基本一致，器形、纹饰也近似。五棵松体育馆M18的年代，据新的研究，被推定为西汉中期[③]。BM24、BM28出土的鼎、壶、盒与西革新里M1—M7土器物形制、组合甚至彩绘纹饰均有相似之处。

　　何家坟北区BM21出土有铁铃形器，在西革新里2013年发掘的M3也有发现。西革新里M1、M4、M5的年代，发掘者认为当在西汉中期。何家坟北区BM21出土的草叶纹铜镜，有学者认为属西汉中期[④]。综上，何家坟北区发现的5座汉墓的年代定为西汉中期。

---

　　① 北京市文物研究所：《五棵松篮球馆工程考古发掘报告》，《北京奥运场馆考古发掘报告》，科学出版社，2007年，第141页。

　　② 北京市文物研究所：《北京市东城区西革新里西汉墓2013年发掘简报》，《北方文物》2015年第2期。

　　③ 胡传耸：《北京考古史（汉代卷）》，上海古籍出版社，2012年，第162页。

　　④ 北京市文物研究所：《五棵松篮球馆工程考古发掘报告》，《北京奥运场馆考古发掘报告》，科学出版社，2007年，第141页。

第二节 南区汉墓的年代

南区共发现9座汉代墓葬,除NM26位于北部外,其余NM10、NM12、NM14、NM15、NM16、NM17、NM18、NM19等8座墓葬分布相对集中。NM26为竖穴土圹单棺墓,其余8座墓葬皆为砖室墓,NM14、NM16、NM19为带墓道的多室墓。

NM26的形制属小型西汉墓习见形制,出土的陶罐,形制比较接近五棵松篮球馆M15:1[①],推定南区NM26的年代为西汉中期。

南区以NM14、NM16、NM19为代表的多室墓,属北京地区习见的东汉墓。NM17出土的陶壶,与平谷杜辛庄遗址M12出土的陶壶形制接近[②],发掘者认为杜辛庄M12为东汉中晚期[③]。

何家坟南区NM12出土的陶罐,形制及装饰特点与北京亦庄新凤河M2出土的陶罐相一致[④],新凤河M2出土有与M1基本相同的铜镜,因此新凤河M2也可划定为东汉晚期[⑤]。综上,何家坟南区NM10、NM12、NM14、NM15、NM16、NM17、NM18、NM19等8座墓葬,年代可推定为东汉晚期,约当桓帝至献帝。

第三节 南区西晋墓的两个问题

本次南区发掘的2座西晋墓,是目前北京地区发现的规模最大的西晋墓,NM47通长达23.3米,NM46通长16.6米,且有4个墓室,前后室相连,左右并列,是目前北京地区发现的墓室最多、面积最大的西晋墓。这两座墓虽遭严重盗扰,仅出土零星遗物,但墓葬形制尚有遗痕可辨,均属北京西晋墓葬中形制最典型者。NM46和NM47相距较近,形制和结构近似,用砖一致,二者属同一时期当无疑问, NM46出土的两块铭文砖,不仅表明NM46为太康十年(289年)下葬,据此也可对墓主身份略做蠡测。以下仅就NM46、NM47的形制和墓主两个问题略做陈述。

---

① 北京市文物研究所:《五棵松篮球馆工程考古发掘报告》,《北京奥运场馆考古发掘报告》,科学出版社,2007年,第141页。

② 北京市文物研究所:《平谷杜辛庄遗址》,科学出版社,2009年,第61、62页。

③ 北京市文物研究所:《平谷杜辛庄遗址》,科学出版社,2009年,第102页。

④ 北京市文物研究所:《北京亦庄考古发掘报告》(2003—2005年),科学出版社,2009年,第115、116页。

⑤ 北京市文物研究所:《平谷杜辛庄遗址》,科学出版社,2009年,第148页。

一、形 制

NM46和NM47的形制或结构还带有东汉晚期墓葬的诸多因素，如墓道接甬道再串联前后双室或前中后三室，这些特点在年代略早的顺义大营村西晋墓葬群[①]（泰始七年，271年）中也能见到。张小舟、胡传耸等学者在论及西晋墓葬时均指出：这一时期墓葬建筑呈现出由复杂到简单、由多室墓向单室墓发展的趋势[②]。笔者在此尝试以NM46和NM47为例，将北京西晋墓葬也纳入这一趋势。为便于讨论，将以NM46为代表的墓葬形制简称为"长方形"，以NM47为代表的墓葬形制简称为"瘦长形"，则西晋早期的顺义大营村西晋墓葬群中的M2、M4可归为这里所说的"长方形"形制，M3、M5可归为"瘦长形"，此外，北京地区可归入"瘦长形"的西晋墓还有房山区水碾屯3座西晋墓[③]，华芳墓[④]似可归入"长方形"一型。

将上述墓葬形制按"长方形"和"瘦长形"两型进行排比后不难发现，以何家坟NM46、NM47为代表的西晋早期墓葬，包括顺义大营村西晋墓葬群中的M2、M4，其形制尚未完全摆脱东汉晚期的影响，墓葬形制在以华芳墓和水碾屯墓为代表的西晋中后期出现了变化，尤其以水碾屯西晋墓群表现得较为明显，墓室由多室变为单室，甬道仅在墓门处有保留或完全消失。变化的最后结果是，这类"瘦长形"墓葬形制在北京地区逐渐消失不见，带墓道的长方形单室墓成为北京地区西晋后期墓葬的主流形制，如北京西郊景王坟西晋墓[⑤]，密云果园西路西晋墓[⑥]等。这种单室墓随后自然发展成为十六国、北朝的常见墓葬形式，NM47这类"瘦长形"墓葬形制在北京地区尽管沿用时间较短，但却反映了北京地区魏晋时期墓葬发展演变的细节过程，更兼年代明确，在北京地区魏晋时期墓葬考古研究中具有标尺意义。

① 北京市文物工作队：《北京市顺义县大营村西晋墓葬发掘简报》，《文物》1983年10期。

② 张小舟：《北方地区魏晋十六国墓葬的分区与分期》，《考古学报》1987年1期；胡传耸：《北京地区魏晋北朝墓葬论述》，《文物春秋》2010年3期。

③ 北京市文物研究所：《北京房山水碾屯西晋墓发掘简报》，《文物》2017年1期。

④ 鲁琪：《北京西郊西晋王浚妻华芳墓清理简报》，《文物》1965年12期。

⑤ 北京市文物工作队：《北京西郊发现两座西晋墓》，《考古》1964年4期。

⑥ 北京市文物研究所、密云县文物管理所：《北京密云西晋墓发掘简报》，《文物春秋》2012年6期。

二、墓　　主

NM46和NM47相距较近，形制和结构近似，用砖一致，二者属同一时期当无疑问，而NM46更靠近山体，NM47偏向山脚，NM46修建年代稍早于NM47，其墓主身份也高于NM47墓主。NM46的结构形式为左右双室并列，左右室结构、大小基本一致，笔者推测NM46为夫妻合葬墓，NM47或为其家庭成员。NM46的规模较大，包括墓室数量和面积均超过华芳墓，考虑华芳没有与王浚合葬，其墓是单人葬，笔者以为NM46墓主的身份与华芳王浚夫妻相当。王浚的官衔是"都督幽州诸军事领护乌丸校尉幽州刺史"，是个四品官。

NM46出土两块带铭墓砖，为了解墓主的身份提供了线索。NM46：2正面铭曰"□中堂：□郡中尉/云集四方，莫不是从，造/况大功，安措太夫人之零位"，侧立面铭曰"大康十年四月十五日"，此铭文虽有难解之处，但据此证知，太康十年时，NM46安措有一位太夫人当无疑问。NM46：3铭曰："砖二千……郡府……"。此砖铭表明，这位太夫人与幽州某个郡有关。结合墓葬形制，笔者推测，NM46墓主是西晋早期幽州下辖某个郡长官，即太守夫妻合葬墓。这或许为北京及周边地区西晋时期品官墓葬等级的判别分析提供了一个可资参考的实例。

据《晋书·地理志》，幽州下辖五郡：北平郡，治徐无；上谷郡，治沮阳；广宁郡，治下洛；代郡，治代县；辽西郡，治阳乐[①]。NM46在幽州城西的事实，或能表明这位太守没有把家室安置在自己的治所，而是安置在相对而言最富庶繁华的幽州城。这是NM46和NM47所能反映的关于地方官的一条有趣的信息。

第四节　南区辽墓的性质

何家坟南区共发现4座辽墓，即NM20、NM13、NM9、NM11。NM20居北端，向东南依次错位排列，形如雁行。其中NM9、NM13出土有墓志。据墓志得知，NM9下葬于辽天庆七年（1117年），墓主韩纬，是韩延徽六世孙。NM13下葬于辽天庆五年（1115年），墓主韩君庸，是韩延徽五世孙，与NM9墓主韩纬乃父子关系。韩纬墓志有"附先府尹太师之茔，礼也"之语，表明韩纬依礼附葬于其父韩君庸之侧，发掘情况表明，韩君庸墓位于西北上首尊位，其子韩纬墓位于东南下首，体现出父子人伦之礼。

NM20、NM13、NM9、NM11排列如雁行，正是北京辽代家族墓排列形式，据海

---

① 曹子西：《北京通史》（第一卷），中国书店，1994年，第254页。

淀工运学院咸雍七年康公墓志云"于祖坟西北雁翅又起一围。亦用地南北长三十一步、东西阔一十九步"[①]。NM20、NM13、NM9、NM11排列形式恰如雁的单翅，单个墓的占地范围以及墓葬间距均表现为南北宽、东西稍窄的特点，与康公墓志所载相符合。由韩君庸墓居于其子韩纬墓西北推知：辽代家族墓地中，以北为尊。NM20墓主当为韩君庸的父辈，NM11墓主为韩纬的子侄辈。

何家坟墓地以西200米，即是八宝山革命公墓东围墙。自20世纪60年代以来，这片区域陆续出土有韩延徽家族成员墓葬或墓志。1964年，在八宝山革命公墓内发现辽韩资道墓志[②]，1966年，在同一地点又发现金代韩明道墓志一盒[③]，1981年，在八宝山革命公墓东围墙以里，发掘出土辽韩佚及其夫人王氏合葬墓[④]。《辽史》记载韩延徽死后葬于鲁郭[⑤]，前引韩资道墓志和韩佚墓志均提到葬于"鲁郭里"。有学者据此对韩氏家族葬地进行考证，认为"今石景山鲁谷一带即为辽金韩氏家族墓的所在地"[⑥]，韩君庸、韩纬墓的发掘及二人墓志的内容，证实孙勐先生对韩氏家族葬地的认定是可靠的，现八宝山公墓东围墙南段东西两侧，确为韩延徽一系家族茔域。此次发掘的NM20、NM13、NM9、NM11这4座墓，属韩氏家族墓地的组成部分，其墓主为韩延徽后裔的一支。

第五节　明代墓葬的性质

何家坟墓地北区发掘明代墓葬20座，其中有搬迁墓3座，夫妻合葬墓5座。其余12座墓即BM3—BM9、BM12、BM16、BM25—BM27等本书认为是太监墓。

何家坟墓地南区发掘明代墓葬28座，包括23座竖穴土圹单棺墓、5座砖石混构墓。即NM21—NM25、NM27—NM45、NM50—NM52等27座墓，本书认为是太监墓。南区、北区合计共39座。本书认为何家坟是一处明代太监墓地（何家坟明代太监墓葬分布图）。

判定依据有如下四点：

（1）何家坟墓地出土有两盒太监墓志，这是最直接的证据。北区BM12墓主身份

① 北京市文物研究所：《海淀中国工运学院辽墓及其墓志》，《北京文物与考古（第6辑）》，民族出版社，2004年，第27—34页。

② 鲁琪：《北京出土辽韩资道墓志》，《文物资料丛刊》（2），文物编辑委员会，1978年。

③ 齐心：《金代韩诣墓志考》，《考古》1984年8期。

④ 北京市文物工作队：《辽韩佚墓发掘简报》，《考古学报》1984年第8期。

⑤ （元）脱脱等：《辽史》，中华书局，2003年，第1232页。

⑥ 孙勐：《墓志中所记北京地区辽代韩氏家族考略》，《北京学研究文集（2007）》，北京日报报业集团、同心出版社，2009年，第329—341页。

为明代内官监司钥库掌印太监，BM16墓主为明代南京司礼监掌印太监。据志文得知，他们二人的丧事均由内官监右监丞许智负责操办。

（2）上述39座墓葬，除个别因人骨保存状况差无法辨识性别外，绝大多数墓主为男性且单身。以北区BM26、BM27等石室墓以及随葬玉带、金器等来看，以北区BM26、BM27为代表的墓主并非无力娶亲的赤贫之人，相反他们都具备相当的经济能力，他们没有娶妻只是因为太监身份。

（3）上述39座墓葬，排列过于密集、紧凑，且部分墓葬墓向严格一致，达到了非经过人为安排而难以实现的程度，并且相互之间看不出长幼有别的正常人伦之序。

（4）上述39座墓葬中，北区BM25、南区NM32、NM40、NM49等4座墓中，出土一种特殊的骨质管状器，这种骨器形似男根，在以往太监墓地考古发掘中多次见到。

综上，何家坟这39座墓葬的墓主，除少数外都具备一定经济能力，但他们都是单人葬，在墓地安排方面也体现出高度组织性，墓中发现有太监墓曾经出土的特殊器物。这些墓主是什么样的人？答案是明确的，北区BM12、BM16墓志的出土，明白无误告诉人们，这是一片晚明时期的太监墓地，墓地整齐划一地排列，或许正是出自内官监右监丞许智许公公等的精心组织安排。

附录一　何家坟墓地明代墓葬人骨遗骸性别和年龄鉴定

在对人骨遗骸进行人类学和考古学的研究之前，必须首先对其进行可靠的性别和年龄鉴定。准确的鉴定，是进一步深入研究古代人群的前提和基础。本文性别和年龄鉴定方法主要依据吴汝康等[1]、邵象清[2]、朱泓[3]和Tim D. White等[4]在有关论著中提出的标准。

一、个体性别的鉴定

性别的鉴定应以性别特征显著的骨骼为主要依据。在身体各部分骨骼中，骨盆的性别差异最为明显，颅骨次之，再次为胸骨、长骨及其他骨骼。鉴定应综合分析被鉴定个体全身骨骼的骨性特征，以提高鉴定的准确率。在记录时，对于性别特征明显的个体记录为男性"♂"或者女性"♀"，对于骨骼残破、性别难以确定的个体记录为未判定"？"。

二、个体年龄的鉴定

骨骼的年龄变化与个体营养的吸收及发育是否正常都有者密切的关系，同一年龄的骨骼，会出现不同的年龄特征，而相似或相同年龄特征的骨骼，也会有不同的年龄。所以，年龄鉴定应尽量运用多种观察方法，对骨骼上的各项信息进行综合性分析，最后再做出鉴定结论。对于成年个体，主要依据耻骨联合面年龄变化、牙齿磨耗程度、颅骨骨缝愈合情况以及全身骨骼进行综合分析。在记录时，一般采用年龄范围

---

[1]　吴汝康、吴新智、张振标：《人体测量方法》，科学出版社，1984年。
[2]　邵象清：《人体测量手册》，上海辞书出版社，1985年。
[3]　朱泓：《体质人类学》，高等教育出版社，2004年。
[4]　Tim D. White, Pieter A. Folkens. *The Human Bone Manual*. Boston: Elsevier Academic, 2005.

的方法记录，例如，20—25、45±；对于缺乏明确的年龄标志的个体，记录为"未成年"、"成年"或者"老年"；少数个体因保存很差，无法做出可信鉴定的个体，记录为未判定"？"。

　　本次鉴定材料出自何家坟墓地2016年发掘明代墓葬，共计27座，包括21座竖穴土圹单棺墓和6座砖石混构墓。鉴定采集之人骨共计22例，即NM21—NM23、NM28—NM33、NM35—NM38、NM40—NM45、NM50—NM52等墓葬内出土的人骨遗骸，详细鉴定结果见表一。

表一　何家坟墓地明代墓葬人类遗骸性别和年龄鉴定表

编号	性别	年龄/岁	编号	性别	年龄/岁
NM21	♂	年龄不详	NM37	♂	35—40
NM22	♂	45—50	NM38	♂	45±
NM23	♂	？	NM40	♂	40—45
NM28	♂	45—50	NM41	♂	老年
NM29	♂	25±	NM42	♂	30—35
NM30	♂	25—30	NM43	♂	成年
NM31	♂	老年	NM44	♂	25—30
NM32	♂	35—40	NM45	♂	20—25
NM33	♂	40—45	NM50	♂	35—40
NM35	♂	30—35	NM51	♂	50—55
NM36	♂	成年	NM52	♂	45—50

附录二 墓葬情况一览表

1. 北区汉代墓葬

墓号	层位	方向	形制	墓圹/米			葬式	随葬品	时代
				长	宽	深			
BM2	③	5°	竖穴土坑墓	4.2	1.88—2	5.72	土葬	1.铜带钩 2.铁锸口 3.铁铃形器 4.铜镜 5.铁鼎 6.陶壶底 7.陶壶	汉代
BM20	③	5°	竖穴土坑墓	3.6	1.2—1.26	3.86	土葬	1、2.彩绘带盖陶壶 3、4.彩绘带盖陶套盒	汉代
BM21	③	5°	竖穴土坑墓	4.6	2.2—2.3	3.1	土葬	1、2.彩绘陶壶 3、4.彩绘陶鼎 5.铜镜 6.铜带钩 7.铜钵 8.陶壶 9.铁器	汉代
BM24	③	10°	竖穴土坑墓	4.1	1.9	3.26	土葬	1、2.彩绘陶壶 3.彩绘陶鼎 4.彩绘陶盒 5.红玛瑙珠	汉代
BM28	③	10°	竖穴土坑墓	3.64	1.5—1.54	2.8	土葬	1.彩绘带盖陶壶 2.陶鼎 3.灰陶盒	汉代

2. 北区明代单棺墓葬

墓号	层位	方向	形制	墓圹/米			葬式	随葬品	时代
				长	宽	深			
BM3	②	10°	竖穴土圹墓	3	1.3	1.78	土葬	1. 瓷罐	明代
BM4	②	10°	竖穴土圹墓	3.1	1.64	1.6	土葬	1. 铜钱	明代
BM5	②	10°	竖穴土圹墓	3.1	1.26	1.3	土葬	1. 铜钱	明代
BM6	②	10°	竖穴土圹墓	3.1	1.36—1.5	1.76	土葬	1. 金饰　2. 铜腰带	明代
BM7	②	10°	竖穴土圹墓	3	1.64—1.7	1.9	土葬	1. 铜钱	明代
BM8	②	5°	竖穴土圹墓	3	1.2—1.3	1.47	土葬	1. 釉陶罐　2. 铜钱	明代
BM9	②	5°	竖穴土圹墓	3.3	1.5	2	土葬	1. 铜钱	明代
BM12	②	10°	竖穴土圹墓	3.1	2.3	3.2	土葬	1. 白釉罐　2. 玉带　3. 料珠　4. 金箔片　5. 铜钱　6. 墓志	明代
BM16	②	10°	竖穴土圹墓	4.3	3.1	4.54	土葬	1. 白釉罐　2. 玉带　3. 木片　4. 金耳勺　5. 金耳勺　6、7. 金簪　8. 金环　9. 墓志　10. 铜钱	明代
BM25	②	15°	竖穴土圹墓	3.1	1.5—1.54	1.9	土葬	1. 骨管状器	明代

3. 北区明代双棺墓葬

墓号	层位	方向	形制	墓圹/米			葬式	随葬品	时代
				长	宽	深			
BM1	②	290°	竖穴土圹墓	2.7—2.8	1.8—1.9	1.39	土葬	1、2. 半釉陶罐 3. 铜钱	明代
BM14	②	335°	竖穴土圹墓	2.7	2.05—2.3	2.3	土葬	1. 铜钱	明代
BM15	②	340°	竖穴土圹墓	2.96	1.8	2.69	土葬	1. 双系陶罐	明代
BM22	②	290°	竖穴土圹墓	2.3—2.36	1.8	0.62—0.98	土葬	1. 半釉陶罐 2. 黑釉陶罐 3. 铜簪 4. 铜钱	明代
BM23	②	290°	竖穴土圹墓	2.5	1.08—1.4	0.76	土葬	1. 青瓷碗	明代

4. 北区明代石室墓葬

墓号	层位	方向	形制	墓圹/米			葬式	随葬品	时代
				长	宽	深			
BM26	②	15°	竖穴石室墓	5.4	3.7	3.5	土葬	1. 玉带　2. 铜钱	明代
BM27	②	185°	竖穴石室墓	10.2	1.62	2.9	土葬	1. 玉带　　2、3. 金簪 4. 金耳勺　5、6. 银元宝　7—9. 银饰片　10. 铜钱　11. 釉陶罐	明代

5. 北区明代搬迁墓葬

墓号	层位	方向	形制	墓圹/米			葬式	随葬品	时代
				长	宽	深			
BM10	②	10°	竖穴土圹墓	4.48	2.4	4.5			明代
BM11	②	345°	竖穴土圹墓	3.1	1.2—1.4	2.84			明代
BM13	②	340°	竖穴土圹墓	2.3	1.2	2.06		1. 双系陶罐	明代

6. 北区清代墓葬

墓号	层位	方向	形制	墓圹/米			葬式	随葬品	时代
				长	宽	深			
BM17	①	5°	竖穴土圹墓	2.3	1.2	1.18	土葬	1. 紫砂壶　2、3. 鼻烟壶　4. 玉带钩　5. 筷子　6. 玉珩　7. 铁叉　8. 佛牌　9. 痒痒挠　10. 铜扣　11. 银勺　12. 印章　13、14. 料珠　15. 铜鎏金座钟　16. 镂空铜盒　17. 怀表　18. 玉串珠　19. 嘎乌盒　20. 十字杵	清代
BM18	①	5°	竖穴土圹墓	2.4	1.24—1.3	0.94	土葬	1. 青花瓷盆　2. 青铜镇纸　3. 铜水烟袋　4. 铜钱	清代
BM19	打破BM20和BM21	320°	竖穴土圹墓	2.46	0.96—1.1	0.96	土葬	1. 铜钱	清代

7. 南区汉代墓葬

墓号	层位	方向	形制	墓圹/米			葬式	随葬品	时代
				长	宽	深			
NM10	③	5°	砖室墓	9.9		1.4	土葬		汉代
NM12	③	5°	竖穴砖室墓	9.1		1.16	土葬	1. 铜钱	汉代
NM14	③	183°	砖室墓	10.8	3.8	2.2	土葬	1. 瓦当　2. 瓦当 3. 铜镜　4. 铜钱	汉代
NM15	③	10°	竖穴砖室墓	2.9	1.22	1	土葬		汉代
NM16	③	345°	砖室墓	7.05—7.3		0.9	土葬	1. 铜钱	汉代
NM17	③	185°	砖室墓	7.7	0.8—2	1.1	土葬	1. 陶壶　2. 铜钱	汉代
NM18	③	185°	竖穴砖室墓	9	0.8—2.9	2.1	土葬		汉代
NM19	③	355°	砖室墓	6.45	7.14	1.2	土葬		汉代
NM26	③	355°	竖穴土圹单棺墓	3.6	1.6—1.7	2.8	土葬	1. 铜印章　2. 铁削刀 3. 残陶罐　4. 残陶鼎足	汉代
NM46	③	5°	砖室墓	16.3		2.6	土葬	1. 陶罐　2、3. 铭文砖 4. 陶碗　5. 陶碗 6. 铜钱	汉代
NM47	③	5°	砖室墓	23.3		3.7	土葬	1、2. 残釉陶　3. 铜钱	汉代

8. 南区辽代墓葬

墓号	层位	方向	形制	墓圹/米			葬式	随葬品	时代
				长	宽	深			
NM9	②	10°	砖室墓	6.4		1.9	土葬	1—4. 陶器盖　5. 陶碟　6. 陶三足碟 7. 小陶杯　8、9. 白瓷盘　10. 青白瓷盏 11. 黄釉洗　12、13. 黄釉壶 14. 铜钱　15. 墓志	辽代
NM11	②	20°	砖室墓	4.5		1.4	土葬	1. 白釉小碗	辽代
NM13	②	5°	砖室墓	7		2.1	土葬	1. 陶砚　2. 铜削　3. 铁犁　4. 墓志	辽代
NM20	②	15°	砖室墓	7.5		1.6	土葬	1. 铜钱	辽代

9. 南区明代墓葬

墓号	层位	方向	形制	墓圹/米			葬式	随葬品	时代
				长	宽	深			
NM21	②	10°	竖穴土圹墓	3	1.2—1.3	2	土葬	1. 铜簪 2. 铜环	明代
NM24	②	10°	竖穴土坑单棺葬	2.95	1.25—1.35	2.75	土葬	1. 陶罐 2. 铜钱	明代
NM25	②	15°	竖穴土坑单棺葬	2.85	1.6—1.7	2.95	土葬	1. 铜钱	明代
NM28	②	10°	竖穴土坑单棺葬	2.5	1.2—1.4	1.9	土葬	1. 釉陶罐 2. 铜钱	明代
NM29	②	10°	竖穴土坑单棺葬	3	1.15—1.25	1.7	土葬		明代
NM30	②	10°	竖穴土坑单棺葬	2.45	1—1.15	1.7	土葬		明代
NM31	②	10°	竖穴土坑单棺葬	2.8	1.1—1.2	1.85	土葬	1. 釉陶罐 2. 铜腰带扣 3. 玉带片 4. 铜钱	明代
NM32	②	20°	竖穴土坑单棺葬	3.15	1.3—1.45	3	土葬	1. 釉陶罐 2. 骨管状器 3. 木腰带 4. 铜钱	明代
NM33	②	15°	竖穴土坑单棺葬	3.2	1.3—1.45	1.85	土葬	1. 釉陶罐 2. 陶盆	明代
NM35	②	15°	竖穴土坑单棺葬	2.9	1.4—1.5	1.2	土葬	1. 陶罐 2. 银耳勺 3. 银耳勺 4. 铜钱	明代
NM36	②	17°	竖穴土坑单棺葬	3.5	1.7—1.8	1.5	土葬	1. 釉陶罐	明代
NM37	②	5°	竖穴土坑单棺葬	2.6	1.2	1.6	土葬	1. 釉陶罐 2. 玛瑙环饰 3. 铜钱	明代
NM38	②	7°	竖穴土坑单棺葬	2.85	1.2—1.3	2.65	土葬	1. 铜钱	明代
NM39	②	15°	竖穴土坑单棺葬	2.7	1.25—1.45	1.4	土葬		明代
NM40	②	20°	竖穴土坑单棺葬	2.55—2.7	1.3—1.4	1.5	土葬	1. 银环 2. 骨管状器 3. 铜钱	明代
NM41	②	10°	竖穴土坑单棺葬	3	1.2—1.3	0.8	土葬	1. 陶罐 2. 玉串珠 3. 瓦当 4. 铜钱	明代

墓号	层位	方向	形制	墓圹/米			葬式	随葬品	时代
				长	宽	深			
NM42	②	355°	竖穴土坑单棺葬	3.1	1.45—1.55	0.8	土葬	1.釉陶罐 2.铜钱	明代
NM43	②	5°	竖穴土坑单棺葬	2.8	1.4	0.8	土葬	1.铜钱	明代
NM44	②	20°	竖穴土坑单棺葬	2.7	1.2—1.5	0.2	土葬	1.釉陶罐 2.骨簪 3.铜饰件 4.铜饰件 5.铜钱	明代
NM45	②	10°	竖穴土坑单棺葬	2.9	1.0—1.25	1.2	土葬	1.陶罐 2.铜钱	明代
NM49	②	13°	竖穴土坑单棺葬	2.3	1.1	1.3	土葬	1.玛瑙环 2、3.玉饰件 4.骨管状器 5.铜饰件 6.铜钱	明代
NM50	②	20°	竖穴砖室葬	1.6—2	0.8	0.7	土葬		明代
NM51	②	10°	竖穴土坑单棺葬	2.6	0.6—0.7	1.6	土葬	1.釉陶罐 2.金环 3.铜钱	明代

10. 南区砖混构墓或石室墓葬

墓号	层位	方向	形制	墓圹/米			葬式	随葬品	时代
				长	宽	深			
NM22	②	10°	砖石混构	4.4	2.8	2.6	土葬		明代
NM23	②	10°	石室墓	4.1	2.65	2.9	土葬	1.铜钱	明代
NM27	②	10°	石室墓	4.55	2.7—2.8	3.3	土葬	1.玉带	明代
NM34	②	355°	竖穴土圹石室墓	3.05	2	2.5	土葬		明代
NM52	②	10°	石室墓	4.1	3.2	2.7	土葬	1.釉陶罐 2、3.玉饰件 4.铜钱	明代

11. 南区清代墓葬

墓号	层位	方向	形制	墓圹/米			葬式	随葬品	时代
				长	宽	深			
NM4	①	95°	竖穴土圹单室墓	2.5	1.1	0.9	土葬	1.釉陶罐	清代
NM5	①	20°	竖穴土圹单室墓	2.6	1.2—1.3	0.7	土葬	1.釉陶罐　2.铜戒指　3.金头饰　4.金簪　5.金簪　6.金玉耳环　7.银鎏金发簪　8.银簪　9.银簪	清代
NM7	①	105°	竖穴土圹单室墓	2.45	1.1—1.2	1	土葬	1.釉陶罐	清代
NM8	①	350°	竖穴土圹单室墓	2.4	1.5	0.9	土葬		清代
NM1	①	85°	竖穴土圹双室墓	3	1.4	0.9	土葬	1.釉陶罐　2.银耳环	清代
NM2	①	5°	竖穴土圹双室墓	2.5—2.75	1.8	0.7	土葬	1.釉陶罐　2.铜鎏金带扣　3.铜钱	清代
NM3	①	355°	竖穴土圹双室墓	2.6	1.5—1.8	1.2	土葬	1.釉陶罐　2、3.金耳环　4—9.银簪　10.铜扣　11.铜钱	清代
NM6	①	15°	竖穴土圹双室墓	2.8	2.4—2.5	0.9	土葬	1.白瓷罐　2.黑瓷罐　3.紫砂器盖　4.铜钱	清代
NM48	①	320°	竖穴土坑双棺葬	2.5	2.5	0.8—1	土葬	1.铜帽钉　2.铜扣	清代

附录三　铜钱统计表

单位	编号	种类	钱径/厘米	穿径/厘米	郭厚/厘米	重/克	备注
BM4：1	-1	嘉靖通宝	2.54	0.61	0.31	3.9	
BM5：1	-1	政和通宝	2.35	0.68	0.21	2.6	
	-2	皇宋通宝	2.49	0.87	0.29	3.1	
	-3	天圣元宝	2.46	0.79	0.26	2.9	
BM7：1	-1	祥符通宝	2.39	0.66	0.26	2.4	
	-2	圣宋元宝	2.3	0.74	0.23	2.7	
BM8：2	-1	万历通宝	2.51	0.63	0.24	3	
BM9：1	-1	万历通宝	2.53	0.65	0.33	4.6	
	-4	宣和通宝	2.7	0.84	0.34	5.5	
BM12：5	-1	弘治通宝	2.4	0.7	0.29	3.4	
	-2	祥符通宝	2.39	0.66	0.24	2.3	
	-3	元祐通宝	2.3	0.79	0.22	2.3	
BM16：10	-1	崇宁重宝	3.53	0.95	0.38	12	
BM1：3	-1	祥符元宝	2.43	0.64	0.23	2.7	
	-2	景德元宝	2.41	0.67	0.27	3.4	
	-3	开元通宝	2.26	0.76	0.21	2.3	
	-4	至元通宝	2.42	0.73	0.26	3.2	
	-5	元祐通宝	2.39	0.76	0.24	3.1	
BM14：1	1	元祐通宝	2.37	0.78	0.23	3.1	
BM22：4	-1	开元通宝	2.43	0.77	0.26	3.7	
	-2	元丰通宝	2.3	0.77	0.32	4.2	
	-3	大定通宝	2.49	0.67	0.27	3.5	
	-4	咸平元宝	2.5	0.73	0.24	3.2	
	-5	政和通宝	2.51	0.73	0.27	3.2	
	-6	祥符通宝	2.43	0.67	0.28	3.2	
	-7	皇宋通宝	2.46	0.78	0.29	3.6	
	-8	绍圣元宝	2.54	0.7	0.27	3.6	
	-10	圣宋元宝	2.93	0.78	0.34	6.2	

单位	编号	种类	钱径/厘米	穿径/厘米	郭厚/厘米	重/克	备注
BM22：4	-12	绍兴元宝	2.86	0.93	0.34	6.4	
	-14	至元通宝	2.48	0.7	0.22	2.7	
	-15	至道元宝	2.45	0.65	0.29	3.3	
	-16	天圣元宝	2.39	0.78	0.22	2.7	
BM26：2	-1	万历通宝	2.61	0.66	0.32	4.2	
	-4	元祐通宝	2.32	0.78	0.24	2.4	
	-5	元圣通宝	2.25	0.78	0.21	2.1	
BM27：10	-1	嘉靖通宝	2.54	0.7	0.27	3.6	
BM12：4	4	乾隆通宝	2.35	0.65	0.22	3.9	
BM19：1	-1	乾隆通宝	2.32	0.58	0.21	2.8	
NM12：1	-1	元丰通宝	2.29	0.72	0.22	2.4	
	-2	元祐通宝	2.31	0.74	0.18	1.7	
NM12：1	-3	皇宋通宝	2.33	0.75	0.26	3.1	
NM14：4	-1	五铢	2.51	1.05	0.1	3.1	
NM16：1	1	五铢	2.28	0.93	0.08	0.8	
NM17：2	2	五铢	2.5	1.04	0.13	2.3	
NM46：6	6	五铢	2.43	1.03	0.15	2.5	
NM47：3	-1	半两	2.1	0.97	0.11	1.6	
NM9：14	-1	皇宋通宝	2.42	0.85	0.25	3.1	
	-2	开元通宝	2.38	0.75	0.27	3.6	
NM20：1	-1	咸平元宝	2.44	0.67	0.27	4	
	-2	嘉祐元宝	2.46	0.77	0.23	3.1	
NM24：2	-1	元丰通宝	2.35	0.71	0.25	3	
	-4	至元通宝	2.2	0.62	0.17	1	
	-5	祥符通宝	2.45	0.7	0.26	3	
NM25：1	-1	宣和通宝	2.85	0.87	0.23	4.9	
	-2	元丰通宝	2.53	0.68	0.16	2.8	
	-3	政和通宝	2.45	0.74	0.29	3.9	
	-4	治平元宝	2.35	0.8	0.18	2.7	
NM28：2	-1	天启通宝	2.55	0.58	0.31	4.5	
	-2	崇祯通宝	2.57	0.62	0.3	4.4	
	-3	万历通宝	2.41	0.59	0.3	4.4	

续表

单位	编号	种类	钱径/厘米	穿径/厘米	郭厚/厘米	重/克	备注
NM31：4	-1	崇祯通宝	2.49	0.64	0.26	3.6	
	-2	泰昌通宝	2.53	0.59	0.24	3.8	
	-3	万历通宝	2.48	0.58	0.25	3.9	
	-4	天启通宝	2.59	0.65	0.28	4	
NM32：4	-1	万历通宝	2.47	0.58	0.32	4.5	
NM35：4	-1	万历通宝	2.51	0.6	0.27	3.8	
NM37：3	-1	崇祯通宝	2.6	0.73	0.26	3.6	
	-2	天启通宝	2.57	0.7	0.23	3.4	
NM38：1	-1	万历通宝	2.5	0.65	0.26	3.6	
NM40：3	-1	天启通宝	2.6	0.58	0.26	3.9	
	-3	泰昌通宝	2.57	0.57	0.28	3.9	
NM41：4	-1	万历通宝	2.53	0.58	0.27	3.7	
NM42：2	-1	崇祯通宝	2.6	0.67	0.23	3.3	
	-2	万历通宝	2.58	0.64	0.25	3.7	
	-3	天启通宝	2.52	0.59	0.22	2.6	
NM43：1	-1	万历通宝	2.48	0.64	0.33	5.1	
	-3	隆庆通宝	2.44	0.68	0.31	4	
NM44：5	-1	万历通宝	2.53	0.62	0.13	3.7	
NM44：5	-2	天启通宝	2.62	0.57	0.13	3.8	
	-3	泰昌通宝	2.51	0.54	0.11	3	
NM45：2	-1	天启通宝	2.54	0.72	0.31	4.3	
	-3	崇祯通宝	2.56	0.68	0.31	4.2	
NM49：6	6	天启通宝	2.6	0.64	0.31	4.1	
NM51：3	-1	万历通宝	2.42	0.59	0.28	4.3	
	-3	天启通宝	2.58	0.59	0.28	4.3	
NM23：1	-1	大定通宝	2.53	0.65	0.11	3	
	-2	元丰通宝	2.32	0.75	0.12	3.7	
	-6	熙宁元宝	2.35	0.73	0.11	3	
	-7	崇宁通宝	3.33	0.96	0.31	10	
	-8	咸平元宝	2.38	0.62	0.21	2.7	
	-11	祥符通宝	2.48	0.76	0.16	2.5	
	-12	万历通宝	2.48	0.58	0.26	3.9	
NM52：4	-1	万历通宝	2.34	0.59	0.27	3.1	

单位	编号	种类	钱径/厘米	穿径/厘米	郭厚/厘米	重/克	备注
NM2∶3	-1	乾隆通宝	2.4	0.66	0.27	3.6	
NM3∶11	-1	康熙通宝	2.32	0.63	0.23	3.1	
NM6∶4	-1	顺治通宝	2.67	0.63	0.27	4.1	
	-3	康熙通宝	2.55	0.58	0.31	4.5	

注：每座墓中所出铜钱钱文相同者仅列1件。

后　　记

　　本书是北京市考古研究院成立以来北京考古工作的又一丰硕成果，是全院众多同志辛勤劳动的结晶。

　　本书由北京市考古研究院李永强执笔编写完成，完成时间为2022年10月。报告中的墓葬草图主要由技师和鹏等现场绘制，遗物图主要由技师刘晓贺绘制，遗迹和遗物线图全部由刘晓贺清绘；器物修复和拓片由技师黄星、张莹莹、陈思雨等完成，黄星还对金属器做了修复和保护；技师安喜林、赵芬明制作了墓志拓片；墓葬照片由郭京宁和李永强拍摄；器物照片全部由刘晓贺拍摄；张敬雷先生对明墓人骨遗骸的性别和年龄做了鉴定。

　　靳枫毅先生审阅了报告初稿，提出诸多修改建议，执笔者按此进行修改和完善。靳枫毅先生的辛勤付出使得本书减少了很多不足和疏漏。

　　中国科技出版传媒股份有限公司的李茜女士和王琳玮女士，为本书的编辑出版付出大量辛勤劳动，正是在她们的帮助下，本书才得以最快的速度与读者见面。

　　最后，谨向北京市考古研究院郭京宁、葛怀忠、刘文华、张中华、魏永鑫、孙勐等领导致以谢意。感谢他们在发掘、整理、出版过程中的支持与鼓励。

彩　　版

1. 2013完工全景

2. BM2俯视（由南向北）

2013完工全景、BM2

1. BM20 俯视（由南向北）

2. BM21 俯视（由南向北）

BM20、BM21

1. BM24 俯视（由南向北）

2. BM28 俯视（由南向北）

BM24、BM28

1. BM3 俯视（由南向北）

2. BM4 俯视（由南向北）

BM3、BM4

1. BM5 俯视（由南向北）

2. BM6 俯视（由南向北）

BM5、BM6

1. BM7 俯视（由南向北）

2. BM8 俯视（由南向北）

BM7、BM8

1. BM9 俯视（由南向北）

2. BM12 俯视（由北向南）

BM9、BM12

1. BM16 俯视（由北向南）

2. BM25 俯视（由南向北）

BM16、BM25

1. BM1 俯视（由东向西）

2. BM14 俯视（由南向北）

BM1、BM14

1. BM15 俯视（由南向北）

2. BM22 俯视（由东向西）

BM15、BM22

1. BM23 俯视（由东向西）

2. BM26 开棺前俯视（由南向北）

BM23、BM26

1. BM26 开棺后俯视（由南向北）

2. BM27 开棺前俯视（由南向北）

BM26、BM27

1. BM27 开棺后俯视（由南向北）

2. BM10 俯视（由南向北）

BM27、BM10

1. BM11 俯视（由南向北）

2. BM13 俯视（由南向北）

BM11、BM13

1. BM17俯视（由南向北）

2. BM18俯视（由南向北）

3. BM19俯视（由南向北）

BM17、BM18、BM19

1. NM10 俯视（由南向北）

2. NM12 俯视（由南向北）

3. NM14 俯视（由南向北）

4. NM15 俯视（由南向北）

NM10、NM12、NM14、NM15

1. NM16 俯视（由南向北）

2. NM17 俯视（由南向北）

3. NM18 俯视（由南向北）

NM16、NM17、NM18

1. NM19 俯视（由南向北）

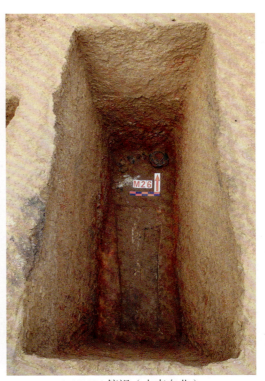

2. NM26 俯视（由南向北）

3. NM46 俯视（由北向南）

NM19、NM26、NM46

1. NM47 开棺后俯视（由南向北）

2. NM47 开棺前俯视（由南向北）

3. NM47 甬道俯视（由南向北）

NM47

1. NM9 俯视（由南向北）

2. NM11 俯视（由南向北）

3. NM13 俯视（由南向北）

4. NM20 俯视（由南向北）

NM9、NM11、NM13、NM20

1. NM21 俯视（由南向北）

2. NM24 俯视（由南向北）

3. NM25 俯视（由南向北）

4. NM28 俯视（由南向北）

NM21、NM24、NM25、NM28

1. NM29 俯视（由南向北）

2. NM30 俯视（由南向北）

3. NM31 俯视（由南向北）

4. NM32 俯视（由南向北）

NM29、NM30、NM31、NM32

1. NM33 俯视（由南向北）

2. NM35 俯视（由南向北）

3. NM36 俯视（由南向北）

4. NM37 俯视（由南向北）

NM33、NM35、NM36、NM37

1. NM38 俯视（由南向北）

2. NM39 俯视（由南向北）

3. NM40 俯视（由南向北）

4. NM41 俯视（由南向北）

NM38、NM39、NM40、NM41

1. NM42 俯视（由南向北）

2. NM43 俯视（由南向北）

3. NM44 俯视（由南向北）

4. NM45 俯视（由南向北）

NM42、NM43、NM44、NM45

1. NM49 俯视（由北向南）

2. NM50 俯视（由北向南）

3. NM51 俯视（由北向南）

4. NM22 开棺前俯视（由南向北）

NM49、NM50、NM51、NM22

1. NM22 开棺后俯视（由南向北）

2. NM23 开棺前俯视（由南向北）

3. NM23 开棺后俯视（由南向北）

4. NM27 开棺前俯视（由南向北）

NM22、NM23、NM27

1. NM27 开棺后俯视（由南向北）

2. NM34 俯视（由南向北）

3. NM52 开棺前俯视（由南向北）

NM27、NM34、NM52

1. NM52 开棺后俯视（由南向北）

2. NM4 俯视（由南向北）

3. NM5 俯视（由南向北）

4. NM7 俯视（由南向北）

NM52、NM4、NM5、NM7

1. NM8 俯视（由南向北）

2. NM1 俯视（由南向北）

3. NM2 俯视（由南向北）

NM8、NM1、NM2

1. NM3 俯视（由南向北）

2. NM6 俯视（由南向北）

3. NM48 俯视（由北向南）

NM3、NM6、NM48

1.铜带钩（BM2：1）

2.铜镜（BM2：4）

3.铁锸口（BM2：2-1）

4.铁铃形器（BM2：3）

BM2出土器物

1. 铁锸口（BM2∶2-2）　　　　　　　　　2. 铁锸口（BM2∶2-2）

3. 铁锸口（BM2∶2-3）　　　　　　　　　4. 铁锸口（BM2∶2-3）

5. 铁鼎（BM2∶5）　　　　　　　　　　　6. 陶壶底（BM2∶6）

BM2出土器物

1.陶壶（BM2：7）

2.彩绘带盖陶壶（盖）（BM20：1）

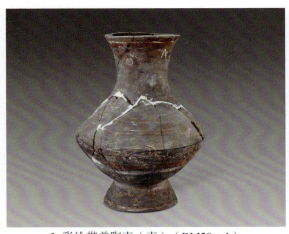

3.彩绘带盖陶壶（壶）（BM20：1）

4.彩绘带盖陶壶（BM20：2）

5.彩绘带盖陶壶（BM20：2）

BM2、BM20出土器物

1. 彩绘带盖陶套盒（盖）（BM20：3）

2. 彩绘带盖陶套盒（盒）（BM20：3）

3. 彩绘带盖陶套盒（盖）（BM20：4）

4. 彩绘带盖陶套盒（盒）（BM20：4）

5. 彩绘陶壶（BM21：1）

BM20、BM21出土器物

1.彩绘陶鼎（BM21:3）

2.彩绘陶鼎（BM21:3）

3.彩绘陶鼎（BM21:4）

4.彩绘陶鼎（BM21:4）

BM21出土器物

1. 铜镜（BM21∶5）

2. 铜镜（BM21∶5）

3. 铜带钩（BM21∶6）

4. 铜钵（BM21∶7）

5. 铜钵（BM21∶7）

BM21出土器物

1. 陶壶（BM21：8）

2. 彩绘陶壶（BM24：2）

3. 铁器（BM21：9）

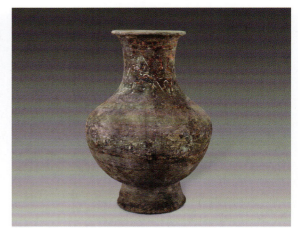

4. 彩绘陶壶（BM24：1）

5. 彩绘陶鼎（BM24：3）

BM21、BM24出土器物

1. 彩绘陶鼎（BM24：3）

2. 红玛瑙珠（BM24：5）

3. 金饰（BM6：1）

4. 彩绘陶盒（BM24：4）

5. 彩绘带盖陶壶（BM28：1）

6. 陶鼎（BM28：2）

7. 陶鼎（BM28：2）

BM6、BM24、BM28出土器物

1. 陶鼎（BM28：2）

2. 彩绘带盖陶壶（BM28：1）

BM28出土器物

1. 铜腰带（BM6：2）

2. 灰陶盒（BM28：3）

3. 瓷罐（BM3：1）

4. 釉陶罐（BM8：1）

5. 白釉罐（BM12：1）

BM3、BM6、BM8、BM12、BM28出土器物

1. 白釉罐（BM12：1）

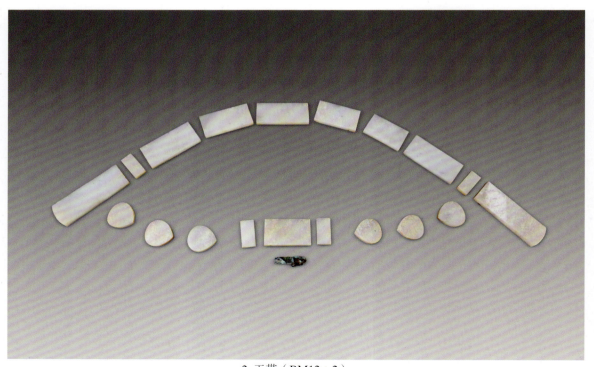

2. 玉带（BM12：2）

BM12出土器物

1. 料珠（BM12：3）

2. 金箔片（BM12：4）

3. 白釉罐（BM16：1）

4. 白釉罐（BM16：1）

BM12、BM16出土器物

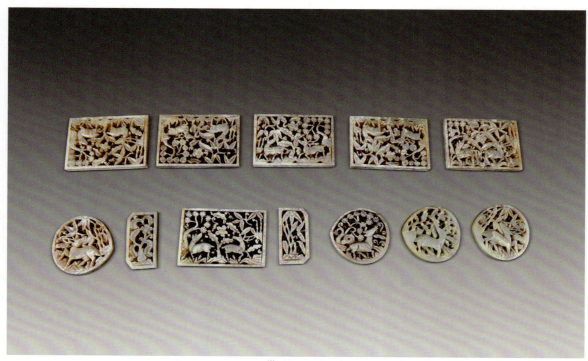

1. 玉带（BM16：2）

2. 木片（BM16：3）

BM16出土器物

1.木片（BM16：3）

2.金耳勺（BM16：4、BM16：5）

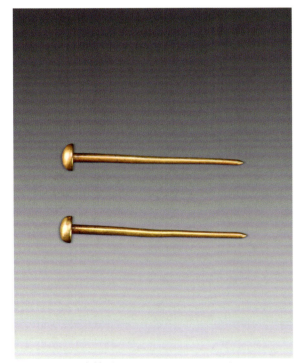

3.金簪（BM16：6、BM16：7）

4.金环（BM16：8）

BM16出土器物

1. 骨管状器（BM25：1）

2. 半釉陶罐（BM1：1）

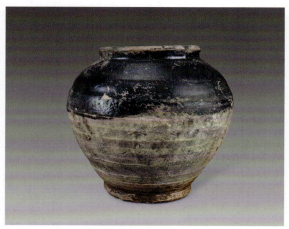

3. 半釉陶罐（BM1：2）

4. 双系陶罐（BM15：1）

5. 黑釉陶罐（BM22：2）

BM1、BM15、BM22、BM25出土器物

1.半釉陶罐（BM22：1）

2.半釉陶罐（BM22：1）

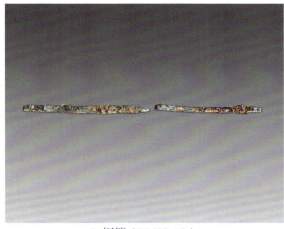

3.铜簪（BM22：3）

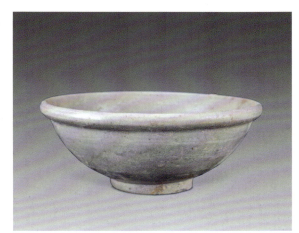

4.青瓷碗（BM23：1）

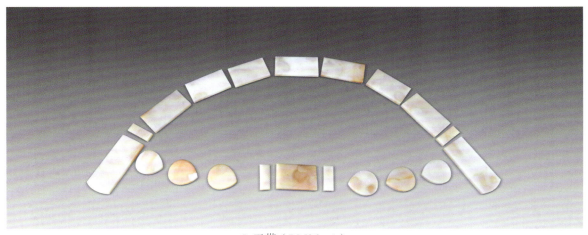

5.玉带（BM26：1）

BM22、BM23、BM26出土器物

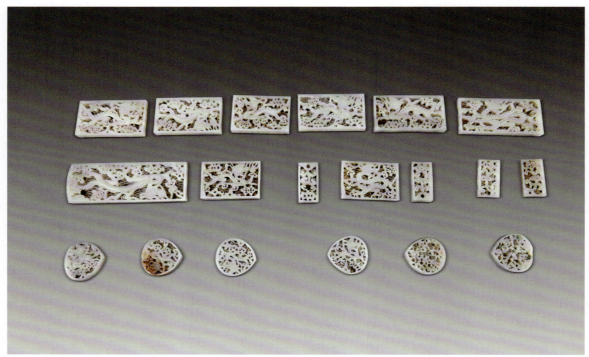

1. 玉带（BM27：1）

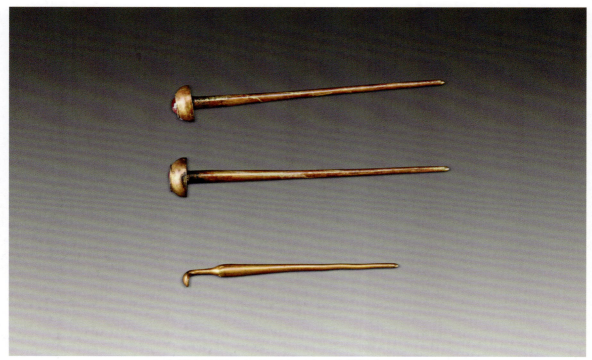

2. 金簪（BM27：2、BM27：3）、金耳勺（BM27：4）

BM27出土器物

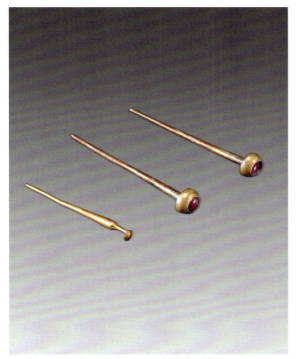

1.金簪（BM27：2、BM27：3）、金耳勺（BM27：4）

2.银元宝（BM27：5、BM27：6）

3.银元宝（BM27：5、BM27：6）

4.银饰片（BM27：7）

BM27出土器物

1.银饰片（BM27：8）

2.银饰片（BM27：9）

BM27出土器物

1. 釉陶罐（BM27：11）

2. 双系陶罐（BM13：1）

3. 紫砂壶（BM17：1）

4. 紫砂壶（BM17：1）

5. 紫砂壶（BM17：1）

6. 紫砂壶（BM17：1）

BM13、BM17、BM27出土器物

1. 鼻烟壶（BM17：2）

2. 鼻烟壶（BM17：2）

3. 鼻烟壶（BM17：3）

4. 鼻烟壶（BM17：3）

5. 鼻烟壶（BM17：3）

BM17出土器物

1. 玉带钩（BM17：4）

2. 十字杵（BM17：20）

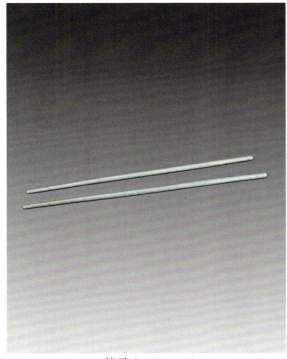

3. 筷子（BM17：5）

4. 玉珩（BM17：6）

BM17出土器物

1. 玉珩（BM17：6）

2. 佛牌（BM17：8）

3. 痒痒挠（BM17：9）

4. 痒痒挠（BM17：9）

BM17出土器物

1. 铜扣（BM17∶10）

2. 银勺（BM17∶11）

3. 印章一套（BM17∶12）

4. 印章一套（BM17∶12）

5. 印章一套（BM17∶12）

BM17出土器物

彩版五六

BM17出土印章（BM17：12）拓片

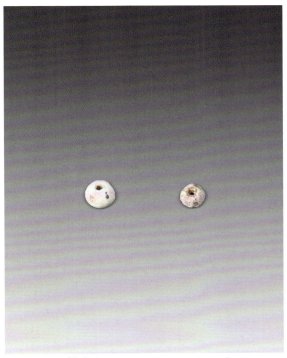

1. 料珠（BM17：13、BM17：14）

2. 铜鎏金座钟（BM17：15）

3. 铜鎏金座钟（BM17：15）

4. 铜鎏金座钟（BM17：15）

BM17出土器物

1. 铜鎏金座钟（BM17：15）

2. 铜鎏金座钟（BM17：15）

3. 镂空铜盒（BM17：16）

4. 镂空铜盒（BM17：16）

BM17出土器物

1. 怀表（BM17∶17）

2. 怀表（BM17∶17）

3. 怀表（BM17∶17）

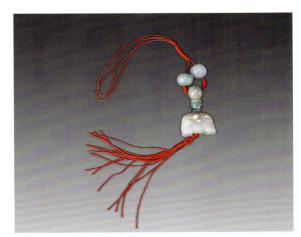

4. 玉串珠（BM17∶18）

5. 嘎乌盒（BM17∶19）

BM17出土器物

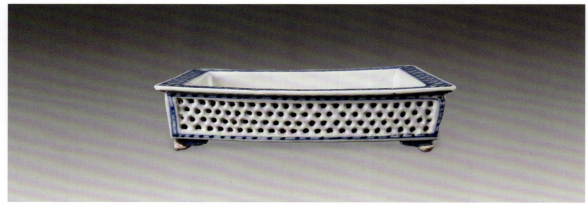

1.青花瓷盆（BM18：1）

2.青花瓷盆（BM18：1）

3.青花瓷盆（BM18：1）

BM18出土器物

1. 青铜镇纸（BM18：2）

2. 青铜镇纸（BM18：2）

3. 青铜镇纸（BM18：2）

BM18出土器物

1. 铜水烟袋（BM18：3）

2. 瓦当（NM14：1、NM14：2）

3. 铜印章（NM26：1）

BM18、NM14、NM26出土器物

1. 铜印章（NM26：1）

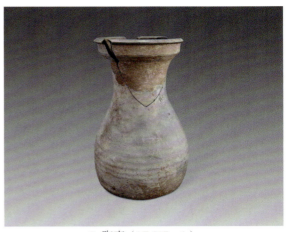

2. 陶壶（NM17：1）

3. 铜镜（NM14：3）

4. 铁削刀（NM26：2）

5. 残陶鼎足（NM26：4）

NM14、NM17、NM26出土器物

1. 陶罐（NM46：1）

2. 陶碗（NM46：4）

3. 铭文砖（NM46：2）

4. 铭文砖（NM46：2）

5. 陶碗（NM46：5）

6. 陶器盖（NM9：1）

NM9、NM46出土器物

1.陶器盖（NM9：1、NM9：2、NM9：3）

2.陶器盖（NM9：4）

3.陶碟（NM9：5）

4.陶三足碟（NM9：6）

5.小陶杯（NM9：7）

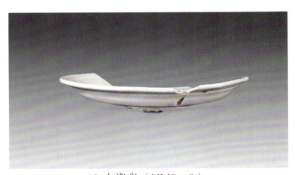

6.白瓷盘（NM9：8）

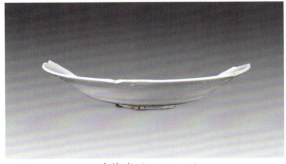

7.白瓷盘（NM9：9）

8.景德镇青白瓷盏（NM9：10）

NM9出土器物

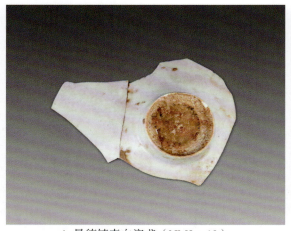

1. 景德镇青白瓷盏（NM9：10）

2. 景德镇青白瓷盏（NM9：10）

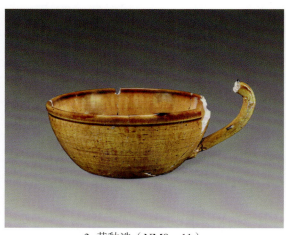

3. 黄釉洗（NM9：11）

4. 黄釉壶（NM9：12、NM9：13）

5. 墓志（NM9：15）

NM9出土器物

1. 墓志（NM9：15）

2. 白釉小碗（NM11：1）

3. 陶砚（NM13：1）

4. 陶砚（NM13：1）

5. 陶砚（NM13：1）

NM9、NM11、NM13出土器物

1.陶砚（NM13：1）

2.铜削（NM13：2）

3.铁犁（NM13：3）

4.铁犁（NM13：3）

5.墓志（NM13：4）

NM13出土器物

1. 墓志（NM13：4）

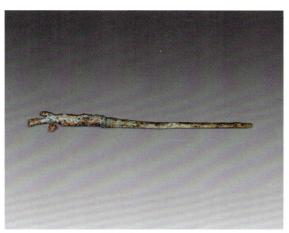

2. 铜簪（NM21：1）

3. 铜环（NM21：2）

4. 陶罐（NM12：3）

5. 釉陶罐（NM28：1）

NM13、NM21、NM24、NM28出土器物

1.釉陶罐（NM31：1）

2.铜腰带扣（NM31：2、NM31：3）

3.釉陶罐（NM32：1）

4.骨管状器（NM32：2）

5.木腰带（NM32：3）

NM31、NM32出土器物

1.釉陶罐（NM33：1）

2.陶罐（NM35：1）

3.陶盆（NM33：2）

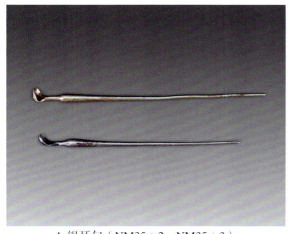

4.银耳勺（NM35：2、NM35：3）

5.釉陶罐（NM36：1）

NM33、NM35、NM36出土器物

1. 釉陶罐（NM37：1）

2. 骨管状器（NM40：2）

3. 玛瑙环（NM37：2）

4. 银环（NM40：1）

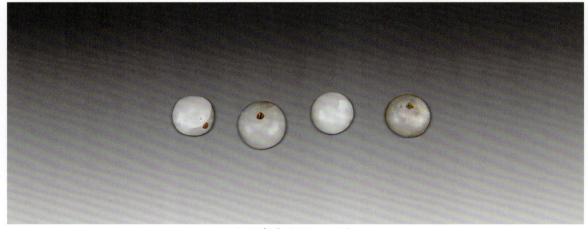

5. 玉串珠（NM41：2）

NM37、NM40、NM41出土器物

1. 陶罐（NM41：1）

2. 釉陶罐（NM42：1）

3. 瓦当（NM41：3）

4. 釉陶罐（NM44：1）

5. 骨簪（NM44：2）

NM41、NM42、NM44出土器物

1. 铜饰件（NM44：3）

2. 铜饰件（NM44：4）

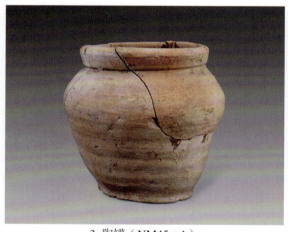

3. 陶罐（NM45：1）

4. 玛瑙环（NM49：1）

5. 玛瑙饰件（NM49：2）

6. 玛瑙饰件（NM49：2）

NM44、NM45、NM49出土器物

1. 玉饰件（NM49：3）

2. 玉饰件（NM49：3）

3. 玉饰件（NM49：3）

4. 骨管状器（NM49：4）

5. 铜饰件（NM49：5）

6. 釉陶罐（NM51：1）

NM49、NM51出土器物

1. 金环（NM51：2）

2. 釉陶罐（NM52：1）

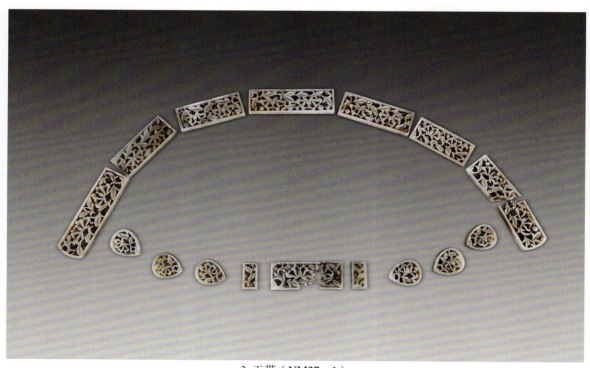

3. 玉带（NM27：1）

NM27、NM51、NM52出土器物

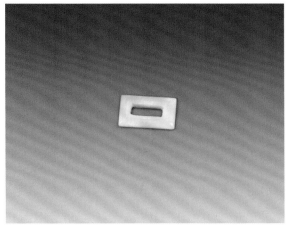

1. 玉饰件（NM52：2）

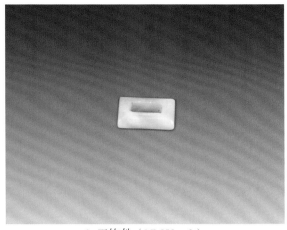

2. 玉饰件（NM52：2）

3. 玉饰件（NM52：3）

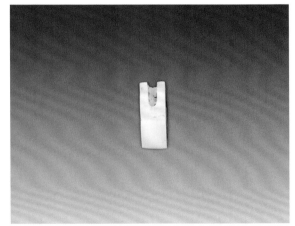

4. 玉饰件（NM52：3）

5. 玉饰件（NM52：3）

NM52出土器物

1. 釉陶罐（NM4：1）

2. 釉陶罐（NM5：1）

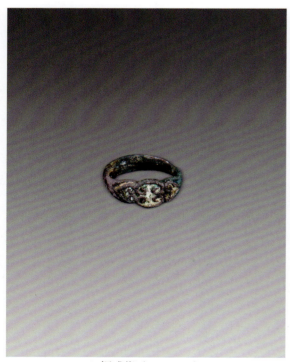

3. 铜戒指（NM5：2）

4. 金头饰（NM5：3）

NM4、NM5出土器物

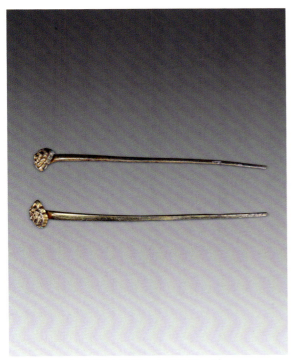

1. 金簪（NM5：4、NM5：5）

2. 金玉耳环（NM5：6）

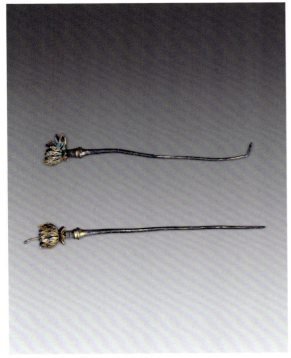

3. 银鎏金发簪（NM5：7）

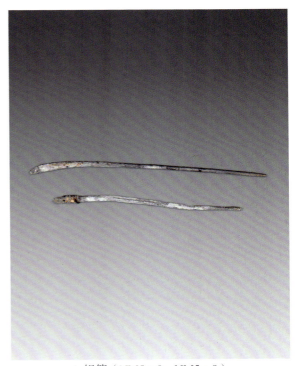

4. 银簪（NM5：8、NM5：9）

NM5出土器物

1. 银耳环（NM1：2）

2. 釉陶罐（NM7：1）

3. 釉陶罐（NM1：1）

4. 釉陶罐（NM2：1）

NM1、NM2、NM7出土器物

1. 铜鎏金带扣（NM2：2）

2. 铜鎏金带扣（NM2：2）

3. 铜鎏金带扣（NM2：2）

NM2出土器物

1. 釉陶罐（NM3：1）

2. 金耳环（NM3：2）

3. 金耳环（NM3：3）

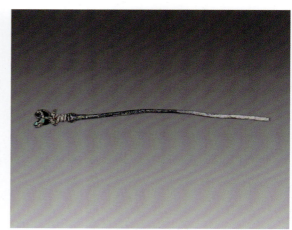

4. 银簪（NM3：4）

5. 银簪（NM3：5）

6. 银簪（NM3：6）

NM3出土器物

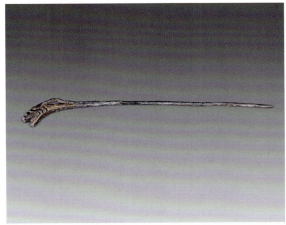

1. 银簪（NM3：7）

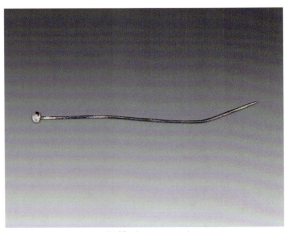

2. 银簪（NM3：8）

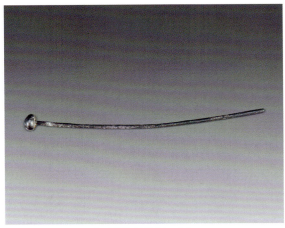

3. 银簪（NM3：9）

4. 铜扣（NM3：10）

5. 铜扣（NM3：10）

6. 铜扣（NM48：2）

NM3、NM48出土器物

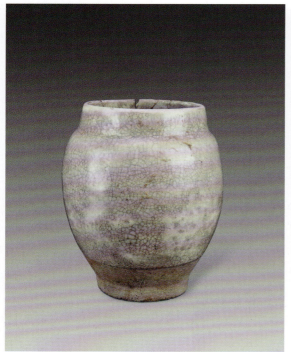

1. 白瓷罐（NM6：1）

2. 黑瓷罐（NM6：2）

3. 紫砂器盖（NM6：3）

4. 铜帽钉（NM48：1）

NM6、NM48出土器物